Sara Duménil

Kosmetik
— selber machen —

Natur pur

DANK

Dieses Buch ist das Ergebnis meiner Leidenschaft für selbst gemachte Kosmetik, nachdem ich mehrere Jahre lang experimentiert und an den hier vorgestellten Rezepturen gearbeitet hatte.

Ich möchte allen Menschen danken, die zum Gelingen dieses Buches beigetragen haben. Ihre Rückmeldungen, Anregungen und zahlreichen Tipps haben meine Arbeit enorm vorangebracht.

Alle Fotos in diesem Buch stammen von Julie Charles. Es war eine Freude für mich, erneut mit ihr zusammenzuarbeiten.

Mein besonderer Dank geht an alle Leserinnen und Leser, die das Buch gerade in ihren Händen halten und sich wie ich mit Enthusiasmus daran machen möchten, Kosmetik selbst herzustellen.

Zum Schluss noch ein großes Dankeschön an meinen Mann für seine Unterstützung. Er unterstützte mich von Anfang an Tag für Tag bei meinen Unternehmungen.

Sara Duménil

Mit Fotografien von Julie Charles

Kosmetik
– selber machen –

Bio, nachhaltig und plastikfrei

Natur
pur

Bassermann

Inhalt

Einleitung

Grundtechniken der Kosmetikherstellung

Rezepte

Bevor
es losgeht

Viele glauben, es sei langwierig, teuer und kompliziert, Kosmetik selbst herzustellen. Doch selbst Neulinge auf dem Gebiet werden feststellen, dass es eigentlich ganz einfach ist. Alles, was Sie brauchen, sind einige wenige Zutaten und vor allem gute Rezepte – die Sie übrigens nicht in der Küche, sondern eher im heimischen Badezimmer umsetzen werden.

In diesem Buch stelle ich Ihnen eine Auswahl von 20 Rezepten für häufig verwendete Pflegeprodukte vor.

Bevor Sie mit der Herstellung Ihrer eigenen Kosmetik beginnen, empfehle ich Ihnen:
▶ eine Liste mit den benötigten Grundzutaten für einen guten Einstieg zu erstellen,
▶ die Beschaffenheit Ihrer Haut zu analysieren,
▶ die zu den Bedürfnissen Ihrer Haut passenden Zutaten auszuwählen,
▶ sich mit den Grundtechniken der Kosmetikherstellung vertraut zu machen, damit alle Rezepte gut gelingen.

Fünf gute Gründe, Kosmetik selbst herzustellen

1. So kennt man die **Inhaltsstoffe** der Produkte, die man jeden Tag auf der eigenen Haut anwendet.

2. Diese Schönheitspflege besteht zu **100 Prozent aus natürlichen Zutaten**, die vorwiegend aus biologischem Anbau stammen.

3. Selbst gemachte Kosmetikprodukte sind **effektiver** als viele im Handel erhältliche, die oft synthetische Zusatzstoffe enthalten und ein „künstliches" Wohlempfinden erzeugen. Diese lassen die Haut aber nicht atmen, sodass die Wirkstoffe letztlich nicht eindringen können.

4. Die Pflegeprodukte können genau auf den **Bedarf der eigenen Haut** abgestimmt werden.

5. Kosmetik herzustellen macht **Spaß** und ist eine tolle Aktivität, die man gemeinsam mit anderen machen kann.

Welche Produkte eignen sich zum Selbermachen?

Die Herstellung von Kosmetikprodukten ist eine Kunst mit vielen Facetten.

Die Natur und die Schönheit kennen keine Grenzen – Sie können sich alle möglichen Rezepte zur Pflege von Kopf bis Fuß ausdenken, darunter:
▸ **Gesichtspflege:** Make-up-Entferner, Gesichtswasser, Feuchtigkeitscremes, Salben, Augenpflege, Masken, Peelings;
▸ **Körperpflege:** Feuchtigkeitscremes und -milch, Trockenöle, Peelings;
▸ **Hygieneprodukte:** Zahncremes, Deodorants, Duschgele, Seifen, Shampoos;
▸ **Wellnessprodukte:** Massageöle, Massagekerzen, sprudelnde Badekugeln, Aroma-Roll-ons.

Gut gewählte Inhaltsstoffe

Achten Sie immer auf Biorohstoffe, um Pestizide und die Lösungsmittel zu vermeiden, die zur Extraktion nicht biologischer Öle verwendet werden.

Einige Grundzutaten genügen, um alle Arten von Schönheitsprodukten herzustellen:
▸ **Pflanzliche Öle und Butter:** aus Ölpflanzen gewonnene Fettstoffe;
▸ **Hydrolate:** durch Wasserdampfdestillation gewonnene Pflanzenextrakte;
▸ **Ätherische Öle:** aus Pflanzen oder Früchten gewonnene aromatische Verbindungen;
▸ **Wachse und Emulgatoren:** Konsistenzgeber;
▸ **Tenside:** wasch- oder schaumaktive Substanzen in Hygieneprodukten;

▸ **Konservierungsstoffe:** dem Endprodukt hinzugefügte Komponenten für dessen optimale Konservierung.

Um die für Ihre Haut geeigneten kosmetischen Inhaltsstoffe zu finden, lesen Sie S. 14 bis 16.

Die Aufbewahrung von selbst gemachten Produkten

Die Pflegeprodukte lassen sich sehr gut bei Raumtemperatur aufbewahren; sie müssen nicht in den Kühlschrank gestellt werden.

Falls erforderlich, ist in den Rezepten die Zugabe eines geeigneten Konservierungsmittels vorgesehen:
▸ **bei Produkten, die oxidationsempfindliche Pflanzenöle enthalten:** Vitamin E (Tocopherol), damit die Öle nicht ranzig werden;
▸ **bei Produkten, die Wasser enthalten:** Cosgard zur Vermeidung bakterieller Verunreinigungen.

Allgemeine Hinweise

Ätherische Öle sind für Kinder unter sechs Jahren, für Schwangere und Stillende, für Epileptiker und herzkranke Personen sowie allgemein für Menschen mit schwacher Gesundheit nicht empfohlen.

Die Produkte, die Sie mithilfe dieses Buches herstellen, sind ausschließlich zu Ihrer persönlichen Verwendung bestimmt und dürfen nicht verkauft werden.

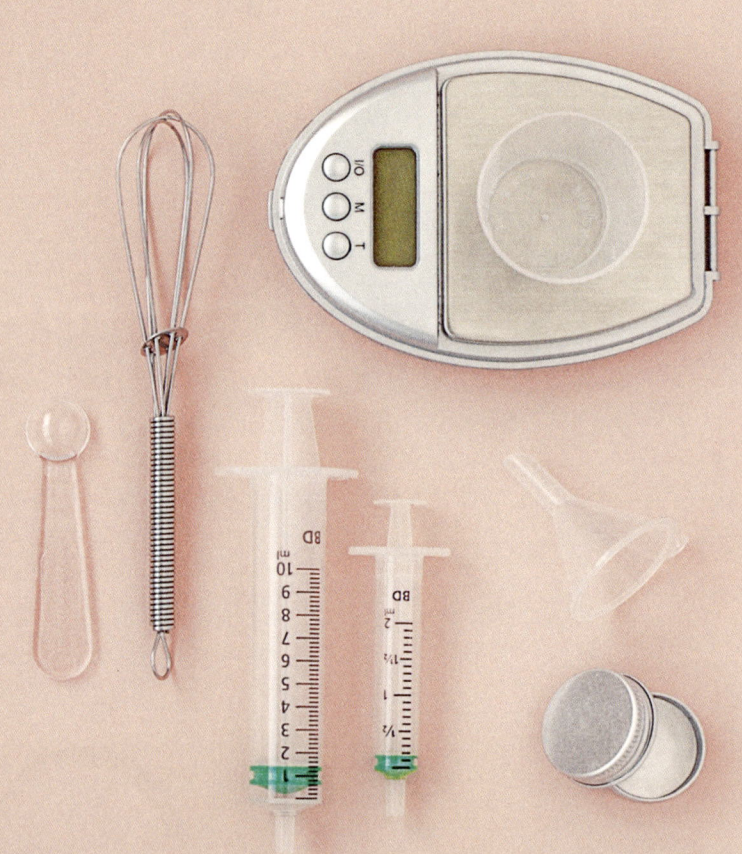

Die Grundausstattung

Bevor Sie mit der Herstellung Ihrer eigenen Kosmetik beginnen, sollten Sie einige Materialien für die Umsetzung der Rezepte sowie ein paar hübsche wiederverwendbare Behältnisse für Ihre fertigen Produkte bereithalten.

Für die Zubereitung

ZUM ABMESSEN DER ZUTATEN

▶ 1 elektronische Präzisionswaage (0,1 g) zum Abwiegen der Zutaten

▶ 1 Dosierlöffel (0,5 ml) zur leichten Entnahme von Pulvern und Wachsen

ZUM MISCHEN DER PRÄPARATE

▶ 2 Glas- oder Edelstahlschüsseln, die bei Bedarf im Wasserbad erhitzt werden können

▶ 1 kleiner Edelstahl-Schneebesen zum Vermischen der Kosmetikpräparate (durchschnittlich 10 bis 100 g)

ZUM UMFÜLLEN DER PRODUKTE

▶ 1 kleiner Trichter zum leichten Umfüllen von Flüssigkeiten in entsprechende Behältnisse

▶ 1 oder mehrere Spritzen mit Graduierung zum Umfüllen von cremigen und gelartigen Präparaten in Behältnisse wie Fläschchen oder Tuben

ZUM SCHUTZ

▶ 1 Paar Handschuhe, um das Risiko von Spritzern auf der Haut zu vermeiden

▶ 1 Maske, um das Einatmen von Tensiden in Pulverform zu vermeiden, die die Atemwege reizen können, wie Natriumcocosulfat oder SCI.

Leere Behältnisse

FÜR SÄMTLICHE ARTEN VON PRÄPARATEN

▶ Flaschen mit Klappverschluss sind vielseitig einsetzbar für Produkte, die portionsweise entnommen werden. Verwendung: Lotionen, Trockenöle, Cremes, Gele

▶ Tiegel sind zum Umfüllen der Präparate sehr praktisch, und sie lassen sich leicht reinigen.
Verwendung: Cremes, Gele, Butter, Salben

FÜR FLÜSSIGE PRÄPARATE

▸ **Sprühflaschen** sind ideal zum Zerstäuben von wasser- oder ölhaltigen Präparaten auf einem bestimmten Bereich.
Verwendung: Körpersprays, Massageöle, Deosprays

FÜR BALSAMPRÄPARATE

▸ In einem **Stick** können Balsampräparate in einer „festen" Form aufbewahrt werden.
Verwendung: Lippenpflegestifte, Deobalsame, Aromasticks, feste Parfums

FÜR CREMIGE UND GELARTIGE PRÄPARATE

▸ **Airless Dispenser** schützen die Präparate vor Oxidation und bakteriellen Verunreinigungen durch das sogenannte Airless-System, das die Präparate ohne Sauerstoffkontakt ausbringt.
Verwendung: Feuchtigkeitscremes, Gele

▸ Mit einem **Roll-on** kann ein Präparat leicht auf einen kleinen, bestimmten Bereich aufgetragen werden.
Verwendung: Augenpflege, Aroma-Roll-ons

▸ **Weiche Tuben** ermöglichen eine gute Verteilung von flüssigen, cremigen und gelartigen Präparaten.
Verwendung: Duschgele, Bodylotions, Peelings

Hinweis
Behältnisse aus Glas und Edelstahl können sterilisiert werden, indem man sie 10 Minuten in einen Topf mit kochendem Wasser gibt.

Praktische Hinweise

Hygienetipps

Wenn man seine Kosmetik selbst macht, ist es unerlässlich, bestimmte Hygienemaßnahmen einzuhalten, damit keine Bakterien in die Präparate gelangen. Davon hängt die Haltbarkeit Ihrer Produkte ab.

▸ **Reinigen Sie mit warmem Seifenwasser sämtliche Materialien,** die Sie für die Herstellung benötigen (Schüsseln, Edelstahl-Schneebesen, anderes Herstellungszubehör, leere Behältnisse).

▸ **Desinfizieren** Sie nach dem Trocknen das Material mit reinem Alkohol.

▸ **Reinigen Sie Ihren Arbeitsplatz** zunächst wie gewohnt, und desinfizieren Sie ihn dann mit reinem Alkohol.

Vorsichtsmaßnahmen

Kosmetik herzustellen macht Spaß: Man probiert aus und versucht sich immer wieder am Mischen verschiedener Zutaten, um das perfekte Produkt zu erhalten. Denken Sie dabei an die Einhaltung der entsprechenden Vorsichtsmaßnahmen – schließlich tragen Sie dieses Produkt auf Ihre Haut auf.

▸ **Tragen Sie eine Schutzausrüstung,** um jegliches Risiko von Spritzern oder Verbrennungen zu vermeiden, wenn die Produkte erhitzt werden müssen.

▸ **Beachten Sie die Vorsichtsmaßnahmen** und die empfohlenen Mengenangaben der kosmetischen Inhaltsstoffe.

▸ **Beschriften Sie alle Produkte,** um sie auseinanderhalten zu können. Notieren Sie vor allem den Namen und das MHD*.

▸ **Führen Sie ein Rezeptheft,** in dem Sie die jeweils verwendeten Zutaten und Mengenangaben genau aufführen.

▸ **Testen Sie Ihr Präparat in der Armbeuge,** um mögliche Hautreizungen zu vermeiden. Selbst wenn sie natürlich sind, können einzelne kosmetische Inhaltsstoffe bei bestimmten Hauttypen Allergien hervorrufen oder schlecht vertragen werden. Tritt innerhalb von 24 Stunden keine Reaktion auf, können Sie Ihr Produkt verwenden.

▸ **Bewahren Sie die kosmetischen Inhaltsstoffe,** die hergestellten Produkte und das Herstellungsmaterial außerhalb der Reichweite von Kindern auf.

*MHD (Mindesthaltbarkeitsdatum) = Herstellungsdatum + Haltbarkeitsdauer

Die Beschaffenheit der Haut analysieren

Um herauszufinden, wie das Schönheitsprodukt beschaffen sein sollte, das Sie herstellen, hilft die Beantwortung dieser drei Fragen:

▸ Was **braucht** meine Haut?
▸ Welche **Konsistenz** passt am besten zu mir?
▸ Wie will ich mein Produkt **ästhetisch** ansprechend gestalten?

Die Beschaffenheit unserer Haut ist genetisch bedingt und hängt von inneren Prozessen ab, die den **individuellen Hauttyp** bestimmen. Die Haut kann sich aber aus verschiedenen Gründen verändern: Alter, Hormone, Umwelteinflüsse (Verschmutzung, Stress, Klima), Lebensstil (Müdigkeit, Stress, Ernährung) oder die Verwendung von ungeeigneten Pflegeprodukten können hierbei eine Rolle spielen. Man spricht dann vom **Zustand der Haut** im Sinne eines „Oberflächenzustands": einer vorübergehenden Hautneigung, die den eigentlichen Hauttyp überlagert.

Die Bedürfnisse der eigenen Haut zu kennen, ist für eine angemessene Pflege unabdingbar. Trockene Haut, normale Haut, Mischhaut oder fettige Haut – welcher Hauttyp sind Sie?

Den Hauttyp bestimmen

Bevor Sie Ihr Gesicht genau betrachten, sollten Sie sich abschminken und Ihre Haut reinigen. Setzen Sie sich dann im Tageslicht vor einen Spiegel.

Wählen Sie von den vier Möglichkeiten die Antwort aus, die am besten Ihre Haut beschreibt:

UNTERSUCHUNG DURCH ABTASTEN

a. Meine Haut ist glatt und fest.
b. Meine Haut ist dick und verklebt.
c. Meine Haut ist dünn und spröde.
d. Meine Haut ist in der T-Zone dick und im übrigen Gesicht dünn.

VISUELLE UNTERSUCHUNG

a. Mein Teint ist strahlend mit eher geschlossenen Poren.
b. Mein Teint ist glanzlos mit sichtbar erweiterten Poren (Mitesser, Pickel oder Unreinheiten).
c. Mein Teint ist klar, möglicherweise mit Rötungen.
d. Mein Teint ist in der T-Zone glänzend mit eher erweiterten Poren (Mitesser oder Pickel) und im restlichen Gesicht matt mit eher geschlossenen Poren.

UNTERSUCHUNG DES HAUTGEFÜHLS

a. Ich habe ein angenehmes und geschmeidiges Gefühl.

b. Ich habe kein bestimmtes Gefühl.

c. Ich habe ein unangenehmes Gefühl und spüre ein Ziehen im ganzen Gesicht.

d. Ich habe manchmal ein unangenehmes Gefühl und spüre ein Ziehen an den Wangen.

Zählen Sie die ausgewählten Buchstaben zusammen:

▸ Sie haben **meistens mit „a"** geantwortet: Sie haben **normale Haut.** Normale Haut kommt heutzutage aufgrund ökologischer und gesellschaftlicher Veränderungen, wie Umweltverschmutzung, Stress oder dem Klimawandel, die tagtäglich unsere Haut angreifen, sehr selten vor.

▸ Sie haben **meistens mit „b"** geantwortet: Sie haben **fettige Haut.** Fettige Haut ist oft erblich bedingt. Sie geht mit kleinen, lästigen Unannehmlichkeiten einher, die sich leicht durch die Einhaltung einiger Empfehlungen abschwächen lassen. Ohne entsprechende Pflege verstärkt die Überempfindlichkeit dieses Hauttyps die fettige, an der Oberfläche sichtbare Phase.

▸ Sie haben **meistens mit „c"** geantwortet: Sie haben **trockene Haut.** Etwa 30% der Frauen haben trockene Haut. Oft geht diese mit einem schönen oberflächlichen Hautbild ohne Makel einher, da keine Pore zu sehen ist. Die Probleme liegen durch das fehlende Fett tiefer verborgen.

▸ Sie haben **meistens mit „d"** geantwortet: Sie haben **Mischhaut.** Mischhaut, nicht zu verwechseln mit fettiger Haut, kommt bei Frauen am häufigsten vor. Hier treffen zwei Hauttypen aufeinander: Die T-Zone des Gesichts glänzt, ist eher fettig und weist ein paar Unreinheiten auf, während die Haut des restlichen Gesichts normal oder trocken ist.

Den aktuellen Zustand der Haut ermitteln

Wählen Sie von den drei Möglichkeiten die Antwort aus, die am besten Ihre Haut beschreibt:

IHRE HAUT SPANNT.

a. Häufig nach dem Reinigen
b. Den ganzen Tag
c. Nie oder selten

SIE HABEN RÖTUNGEN ODER ANZEICHEN VON SPRÖDER HAUT.

a. Ständig
b. Immer öfter
c. Manchmal auf der Nase oder den Wangen oder nie

SIE HABEN HAUTUNREINHEITEN.

a. Nie
b. Regelmäßig
c. Selten

SIE HABEN FALTEN IM GESICHT.

a. Ich habe eher keine Falten.
b. Ich habe einige Mimikfältchen um die Augen herum.
c. Meine Falten sind immer deutlicher zu sehen.

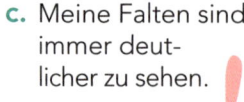

Zählen Sie die ausgewählten Buchstaben zusammen:

▶ Sie haben **meistens mit „a"** geantwortet: Sie haben **empfindliche Haut**. Bei diesem relativ neuen Phänomen reagiert die Haut empfindlich, wenn die Hautbarriere aufgrund von inneren oder äußeren Faktoren (Umweltverschmutzung, Stress, petrochemische Kosmetik, entzündungsfördernde Ernährung usw.) in einem schlechten Zustand ist.

▶ Sie haben **meistens mit „b"** geantwortet: Sie haben **trockene Haut**. Das Hauptproblem von trockener Haut ist ihr Feuchtigkeitsmangel, wodurch der Austausch zwischen den unterschiedlichen Hautschichten erschwert wird.

▶ Sie haben **meistens mit „c"** geantwortet: Sie haben **reife Haut**. Die reife Haut verliert, nicht nur altersbedingt, an Spannkraft. Ein Erschlaffen der Haut macht sich durch eine Abnahme der Hautdicke bemerkbar.

▶ Sie haben mit **unterschiedlichen Buchstaben** geantwortet: Ihre Haut weist **mehrere** der beschriebenen **Merkmale** auf. Im Allgemeinen treten durchschnittlich pro Hauttyp zwei, selten drei Merkmale gleichzeitig auf. Bei jüngeren Menschen oder Menschen mit viel Glück kann sich auch nur ein Hautmerkmal pro Hauttyp bemerkbar machen. Aber jede Kombination ist möglich, so zum Beispiel trockene Haut mit einer Neigung zu feuchtigkeitsarmer und reifer Haut.

Kosmetische Inhaltsstoffe mit Bedacht auswählen

Die Zusammensetzung Ihrer Pflegeprodukte ist von grundlegender Bedeutung, denn jeder Inhaltsstoff hat eine festgelegte Funktion für Ihre Haut. Ein Inhaltsstoff, der bei einer Freundin wahre Wunder bewirkt, kann bei Ihnen ohne Effekt bleiben, wenn Sie nicht denselben Hauttyp haben.

Inhaltsstoffe nach Hauttypen

Hauttyp / Inhaltsstoffe	Geeignete Hydrolate	Geeignete pflanzliche Öle	Andere Wirkstoffe: Extrakte, ätherische Öle (ÄÖ), Tonerde
Trockene Haut	Kamille Orangenblüte Linde	Süßmandelöl Avocadoöl Aprikosenkernöl	Rosa Tonerde Kakaobutter Malvenextrakt
Normale Haut	Schwarze Johannisbeere Lavendel Rose	Arganöl Jojobaöl Macadamiaöl	Weiße Tonerde Gurkenextrakt Malvenextrakt
Mischhaut	Geranie Lavendel Rose	Jojobaöl Haselnussöl Traubenkernöl	Grüne Tonerde Honigextrakt ÄÖ Zitrone
Fettige Haut	Eukalyptus Minze Teebaum	Jojobaöl Haselnussöl Sesamöl	Grüne Tonerde Gurkenextrakt ÄÖ Teebaum

Inhaltsstoffe nach aktuellem Hautzustand

Aktueller Zustand / Inhaltsstoffe	Geeignete Hydrolate	Geeignete pflanzliche Öle	Andere Wirkstoffe: Extrakte, ätherische Öle (AÖ), Tonerde
Empfindliche Haut (*)	Kamille Lavendel	Süßmandelöl Calendula	Rosa Tonerde Malvenextrakt
Trockene Haut	Orangenblüte Linde	Süßmandelöl Sheabutter	Hyaluronsäure Aloe Vera
Reife Haut	Schwarze Johannisbeere Rose	Arganöl Moschusrosenöl	Honigextrakt AÖ Rose

* Ätherische Öle sind für empfindliche Haut nicht empfehlenswert, da sie Hautreizungen verursachen können.

Die Inhaltsstoffe im Einzelnen

HYDROLATE

Ein Hydrolat oder Pflanzenwasser ist ein durch Wasserdampfdestillation von ätherischen Ölen gewonnenes wässriges Pflanzenextrakt. Da es im Vergleich zu ätherischen Ölen nur noch sehr wenige aromatische Moleküle enthält, gibt es für Hydrolate keine Gegenanzeigen.

▸ Wo werden sie eingesetzt?

• In Gesichtswasser, allein oder in Verbindung mit anderen Hydrolaten
• In der wässrigen Phase eines Gels
• In der wässrigen Phase einer Emulsion

▸ Eigenschaften

• **Kamille:** beruhigend, reizlindernd, schmerzstillend, regenerierend
• **Schwarze Johannisbeere:** tonisierend, straffend, antioxidativ, erfrischend
• **Eukalyptus:** reinigend, antibakteriell, antiseptisch, erfrischend
• **Orangenblüte:** beruhigend, schmerzstillend, kräftigend, regenerierend
• **Geranie:** porenverfeinernd, ausgleichend, reinigend, reparierend
• **Lavendel:** porenverfeinernd, regenerierend, reinigend, beruhigend
• **Minze:** tonisierend, porenverfeinernd, reinigend, erfrischend
• **Rose:** straffend, anti-aging, ausgleichend, hautregulierend
• **Teebaum:** reinigend, desinfizierend, antibakteriell, antiseptisch
• **Linde:** beruhigend, reizlindernd, klärend, kräftigend
• **Verbene:** tonisierend, straffend, reizlindernd, reparierend

PFLANZLICHE ÖLE

Ein pflanzliches Öl ist ein Fett, das aus einer ölhaltigen Pflanze gewonnen wird, d. h. aus einer Pflanze, deren Samen, Nüsse oder Früchte Lipide enthalten. Hochwertige Öle werden durch mechanische Kaltpressung gewonnen. Sie sind durch ihren Fettsäure- und

Vitamingehalt sehr nährstoffreich und haben daher viele Vorzüge für die Haut.

▸ **Wo werden sie eingesetzt?**

• In Pflegeöl, allein oder in Verbindung mit anderen pflanzlichen Ölen und/oder ätherischen Ölen
• In Verbindung mit einer Pflanzenbutter für einen Balsam
• In der öligen Phase einer Emulsion

▸ **Eigenschaften**

• **Aprikosenöl:** regenerierend, lockernd, reizlindernd, zartmachend
• **Süßmandelöl:** beruhigend, schmerzstillend, reizlindernd, zartmachend
• **Arganöl:** stärkend, regenerierend, anti-aging, feuchtigkeitsspendend
• **Avocadoöl:** restrukturierend, stärkend, schützend, lockernd
• **Kokosöl:** kräftigend, schützend, lockernd, zartmachend
• **Jojobaöl:** talgregulierend, feuchtigkeitsspendend, regenerierend, gut einziehend
• **Macadamiaöl:** restrukturierend, beruhigend, stärkend, zartmachend
• **Haselnussöl:** porenverfeinernd, talgregulierend, reparierend, schützend
• **Rizinusöl:** kräftigend, stärkend, regenerierend, Haar- und Wimpernwachstum fördernd
• **Sesamöl:** antioxidativ, regenerierend, restrukturierend, gut einziehend

PFLANZENBUTTER

Pflanzenbutter ist ein Fett mit denselben Eigenschaften wie pflanzliche Öle.

▸ **Wo wird sie eingesetzt?**

• In Verbindung mit einem pflanzlichen Öl für einen Balsam
• In der öligen Phase einer Emulsion

▸ **Eigenschaften**

• **Sheabutter:** reparierend, wundheilungsfördernd, feuchtigkeitsspendend, beruhigend, schützend
• **Kakaobutter:** reparierend, straffend, anti-aging, feuchtigkeitsspendend, beruhigend

ÄTHERISCHE ÖLE

Ein ätherisches Öl ist die aktive Substanz, die sämtliche Wirkstoffe einer Pflanze enthält. Es ist das flüssige, konzentrierte und komplexe Extrakt einer Aromapflanze, das mithilfe von Wasserdampfdestillation gewonnen wird.

▸ **Wo werden sie eingesetzt?**

• In Pflegeöl, verdünnt in einem oder mehreren pflanzlichen Ölen
• In Lotion mit einem geeigneten Lösungsvermittler (Solubol oder Alkohol)
• Als Zusatz in einem kalten Endprodukt am Ende der Herstellung

▸ **Eigenschaften**

• **Zitrone:** reinigend, entgiftend, porenverfeinernd, tonisierend, schlankmachend
• **Lavendel:** beruhigend, schmerzstillend, regenerierend, reinigend, entspannend
• **Minze:** erfrischend, porenverfeinernd, reinigend, anregend, belebend

- **Süßorange:** beruhigend, entspannend, tonisierend, straffend, gegen Orangenhaut
- **Teebaum:** reinigend, antiseptisch, antibakteriell, tonisierend
- **Ylang-Ylang:** entspannend, stimmungsaufhellend, kräftigend, revitalisierend

Weitere Wirkstoffe

TONERDE

Tonerde wird seit Jahrhunderten verwendet und gehört auch heute noch zu den wichtigsten Inhaltsstoffen in der Naturkosmetik.

▸ **Wo wird sie eingesetzt?**

- In Zahncremes
- In Trockenshampoos
- In Gesichtsmasken

▸ **Eigenschaften**

- **Weiße Tonerde für normale Haut:** reinigend, mattierend, stärkend, reizlindernd
- **Rosa Tonerde für trockene Haut:** reinigend, mattierend, stärkend, reizlindernd
- **Grüne Tonerde für Mischhaut und fettige Haut:** entgiftend, reinigend, stärkend, remineralisierend

EXTRAKTE AUF HYDROGLYCERINBASIS

Ein Extrakt auf Hydroglycerinbasis ist ein wässriges Extrakt, das durch lange Mazeration eines Gewächses (Pflanze, Frucht, Gemüse usw.) in einer natürlichen Mischung aus pflanzlichem Bio-Glycerin und Wasser hergestellt wird.

▸ **Wo werden sie eingesetzt?**

- In Gesichtswasser/Lotion, vermischt mit einem oder mehreren Hydrolaten
- In der wässrigen Phase eines Gels
- In der wässrigen Phase einer Emulsion

▸ **Eigenschaften**

- **Gurke:** sehr feuchtigkeitsspendend, reinigend, porenverfeinernd, erfrischend
- **Malve:** beruhigend, lockernd, reizlindernd, feuchtigkeitsspendend, antioxidativ
- **Honig:** reinigend, feuchtigkeitsspendend, revitalisierend, regenerierend, reizlindernd

FEUCHTIGKEITSBOOSTER

Die Must-haves für alle Hauttypen, besonders für feuchtigkeitsarme Haut!

▸ **Wo werden sie eingesetzt?**

- Als Zusatz in einem kalten Endprodukt am Ende der Herstellung

▸ **Eigenschaften**

- **Hyaluronsäure:** feuchtigkeitsspendend, erquickend, anti-aging, schützend, aufpolsternd, reizlindernd
- **Aloe-Vera-Gel:** sehr feuchtigkeitsspendend, nährstoffreich, reparierend, beruhigend, regenerierend, anti-aging, schützend, reinigend

Kosmetik passend zum eigenen Hauttyp herstellen

Jede Haut hat Grundbedürfnisse: Sie braucht **Feuchtigkeit, Nährstoffe und Schutz.** Eine angemessene Pflege gelingt jedoch nur, wenn Sie die Besonderheiten Ihrer Haut im Blick haben.

Trockene Haut muss regelmäßig mit Feuchtigkeit und Nährstoffen versorgt werden, damit das in den Zellen enthaltene Wasser nicht weiter verdunstet.

Mischhaut und fettige Haut benötigen eine zielgerichtete Pflege je nach den zu behandelnden Partien: Die T-Zone muss gereinigt und das restliche Gesicht mit Feuchtigkeit versorgt werden. Dieser Hauttyp muss gut abgeschminkt, gereinigt und regelmäßig mit einem Peeling behandelt werden.

Normale Haut neigt dazu, mit der Zeit trocken zu werden, und benötigt daher eine kontinuierliche gute Feuchtigkeitsversorgung.

Sich eine angemessene Pflegeroutine anzugewöhnen, ist der beste Tipp für schöne Haut. Damit ist ein Pflegeritual gemeint, dessen einzelne Schritte und tagtägliche, regelmäßige Einhaltung ausschlaggebend für den guten Gesundheitszustand Ihrer Haut sind.

Die Haut reinigen

Unsere Haut ist das Spiegelbild unseres täglichen Handelns. Eine korrekte, allabendliche Reinigung ist unabdingbar, um die während des Tages angesammelten Verunreinigungen zu entfernen (Umweltverschmutzung, Talg, Toxine usw.). Verzichtet man auf die Reinigung, kommt es zu einem Talgüberschuss, der Teint wird glanzlos, und die Haut trocknet aus, sodass Falten und Unreinheiten entstehen.

GEEIGNETE TEXTUREN:

▶ **Für normale Haut, Mischhaut und fettige Haut:** Gele, Öle, Schaum oder Seifen

▶ **Für trockene Haut:** Milch oder Öle

Die Haut tonisieren

Gesichtswasser oder -lotion ist ein Produkt, das als Ergänzung zur Gesichtsreinigung eingesetzt wird, um letzte Schminkreste zu entfernen, die Poren zu schließen und dem Teint neuen Glanz zu verleihen. Es wird nach der Hautreinigung und vor dem Auftragen der Feuchtigkeitscreme verwendet.

GEEIGNETE TEXTUREN:

▸ Ein oder mehrere Hydrolate je nach Hauttyp (ohne Alkohol oder Duftstoffe)

Die Haut mit Feuchtigkeit versorgen

Unsere Haut ist täglich äußeren Einflüssen ausgesetzt. Eine gute Feuchtigkeitsversorgung ist unerlässlich, um ihre Schutzbarriere, den Säureschutzmantel, wiederherzustellen.

GEEIGNETE TEXTUREN:

▸ Für normale Haut, Mischhaut und fettige Haut: Feuchtigkeitscremes, vorzugsweise flüssige Texturen

▸ Für trockene Haut: Balsam oder reichhaltige Cremes

Die Haut peelen (1 Mal pro Woche)

Beim mechanischen Peeling wird ein Produkt aus Mikrokörnchen verwendet, mit dem die abgestorbenen Zellen von der Hautoberfläche abgerieben werden.

GEEIGNETE TEXTUREN:

▸ Für trockene Haut: Creme oder Balsam

▸ Für Mischhaut und fettige Haut: Gel

▸ Empfindliche Haut: besser auf mechanisches Peeling verzichten und zum sanften Entfernen von Unreinheiten lieber Masken verwenden

Hinweis

Die Haut mit Feuchtigkeit zu versorgen heißt, ihr über eine Feuchtigkeitscreme auf Wasserbasis Feuchtigkeit zuzuführen.

Die Haut zu nähren heißt, sie mit Lipiden zu versorgen, um ihren Säureschutzmantel mithilfe von Fetten (z. B. pflanzlichen Ölen) zu stärken.

Grundtechniken der Kosmetikherstellung

  15 MINUTEN  3 MONATE

Eine Emulsion herstellen

Was ist eine Emulsion?

Eine Emulsion ist ein homogenes Gemisch zweier eigentlich nicht mischbarer Flüssigkeiten aus Wasser (der **wässrigen Phase**) und Öl (der **öligen Phase**), das mithilfe eines Bindemittels, dem Emulgator, zusammengehalten wird. Eine ölige, hauptsächlich aus Wasser bestehende Creme dringt leicht in die Haut ein und eignet sich hervorragend zur **täglichen Feuchtigkeitspflege von Gesicht und Körper.** Eine gute Feuchtigkeitsversorgung der Haut ist unabdingbar, um die Hautbarriere vor äußeren Einflüssen zu schützen.

Pflegeprodukte

▸ **Feuchtigkeitspflege:** versorgt die Haut mit Feuchtigkeit (siehe S. 40 und 48)

▸ **Reinigungsmilch:** zum Reinigen von trockener Haut

▸ **Körperlotion:** damit die Haut nach dem Duschen nicht spannt (siehe S. 48)

▸ **Hand- oder Fußcreme:** schützt vor dem Austrocknen

▸ **Cold Cream:** eine Fettcreme zur Tiefenpflege der Haut (siehe S. 70)

▸ **Haarspülung:** für leicht kämmbares Haar (siehe S. 56 und 58)

Zusammensetzung

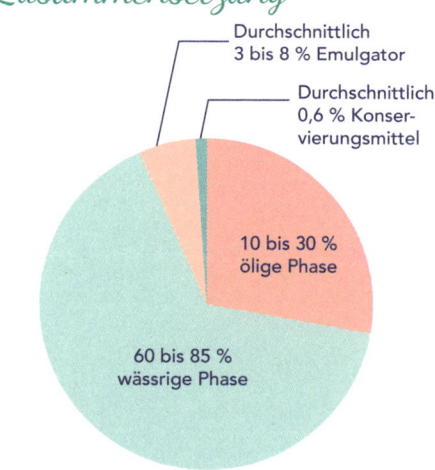

Durchschnittlich 3 bis 8 % Emulgator

Durchschnittlich 0,6 % Konservierungsmittel

10 bis 30 % ölige Phase

60 bis 85 % wässrige Phase

■ Wasser, Hydrolat, Extrakt auf Hydroglycerinbasis
■ pflanzliches Öl, Pflanzenbutter
■ emulgierendes Wachs
■ Cosgard

Optionale Inhaltsstoffe:
ätherische Öle, Feuchtigkeitsspender oder ein Anti-Aging-Wirkstoff (Vitamin E), Duftstoffe, natürliche Farbstoffe, natürliche Peelingstoffe

Individualisierbare Textur

3 bis 5 % emulgierendes Wachs

5 bis 8 % emulgierendes Wachs

dünnflüssige Creme ←——————→ dickflüssige Creme

1. Geben Sie die Inhaltsstoffe der wässrigen Phase und der öligen Phase in zwei getrennte Schüsseln.

2. Erhitzen Sie die beiden Schüsseln in einem Wasserbad, bis sich das emulgierende Wachs komplett aufgelöst hat (Temperatur: 70 °C).

3. Nehmen Sie die Schüsseln vom Herd. Rühren Sie die wässrige Phase kräftig mit einem kleinen Edelstahl-Schneebesen in die ölige Phase, bis die Creme weiß wird und sich verbindet.

4. Stellen Sie zum schnelleren Erkalten die Schüssel unter ständigem Rühren in einen Behälter mit kaltem Wasser, bis sich die Masse verdickt und zu einer glatten Creme wird.

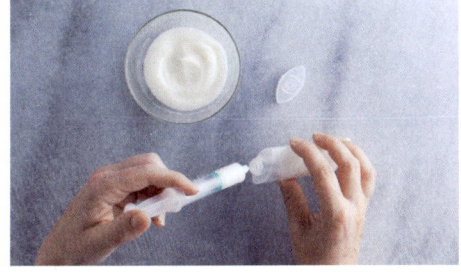

5. Fügen Sie die restlichen Inhaltsstoffe (Konservierungsmittel und optionale Inhaltsstoffe) hinzu, und rühren Sie jede Zutat einzeln unter, damit sich das Präparat gleichmäßig verbindet.

6. Füllen Sie das Präparat ggf. mit einer Spritze in ein Behältnis.

Ein Gel herstellen

Was ist ein Gel?

Ein Gel (oder Gelee) ist eine mehr oder weniger dicke Flüssigkeit, die durch die **Gelierung einer wässrigen Phase** mithilfe eines natürlichen Geliermittels, oft Xanthan, entsteht. Da Gele viel Wasser enthalten, lassen sie sich dank ihrer **schmelzenden Textur** leicht auftragen und bilden einen **Feuchtigkeitsfilm** auf der Hautoberfläche. Gele sind sehr angenehm und sorgen unmittelbar für ein **frisches Hautgefühl.** Daher werden sie sehr häufig für Körper- und Gesichtspflegeprodukte eingesetzt.

Achtung: Xanthan lässt sich nicht zusammen mit dem Konservierungsmittel Grapefruitkernextrakt verwenden.

Pflegeprodukte

▶ **Feuchtigkeits- oder Reinigungsgel:** hervorragende Feuchtigkeitspflege für die Haut im Sommer (siehe S. 38)

▶ **Gesichtsmaske:** Erfrischungseffekt garantiert (siehe S. 42)

▶ **Deodorant:** zum einfachen Auftragen mit einem Roll-on-Kopf (siehe S. 64)

▶ **Körpergel:** ideal als Erfrischung für schwere Beine oder als Figurpflege

Zusammensetzung

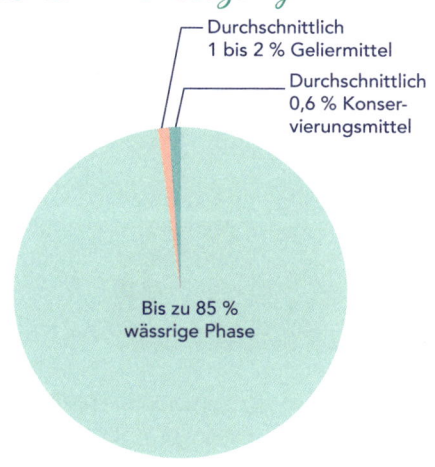

Durchschnittlich 1 bis 2 % Geliermittel

Durchschnittlich 0,6 % Konservierungsmittel

Bis zu 85 % wässrige Phase

■ Wasser, Hydrolat, Extrakt auf Hydroglycerinbasis
■ Xanthan
■ Cosgard

Optionale Inhaltsstoffe: ätherische Öle, Duftstoffe, natürliche Farbstoffe, natürliche Peelingstoffe

Individualisierbare Textur

1 % Geliermittel	2 % Geliermittel
dünnflüssig	dickflüssig

1. Geben Sie vorab das Wasser, das Hydrolat und das Extrakt auf Hydroglycerinbasis in eine Schüssel.

2. Streuen Sie dann das Xanthan unter kräftigem Rühren mit einem kleinen Edelstahl-Schneebesen ein, um Klümpchenbildung zu vermeiden.

3. Rühren Sie 5 bis 10 Minuten lang weiter, bis ein glattes Gel ohne Klümpchen entsteht.

4. Fügen Sie die restlichen Inhaltsstoffe (Konservierungsmittel und optionale Inhaltsstoffe) hinzu, und rühren Sie jede Zutat einzeln unter, damit sich das Präparat gleichmäßig verbindet.

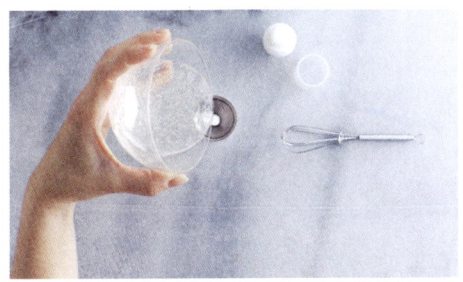

5. Füllen Sie das Präparat ggf. mit einem kleinen Trichter oder einer Spritze in ein Behältnis.

Tipp

Sollten sich Klümpchen bilden, erhitzen Sie das Präparat im Wasserbad und rühren Sie so lange, bis sich die Klümpchen aufgelöst haben.

Einen Balsam herstellen

Was ist ein Balsam?

Ein Balsam enthält **nur eine Phase**, die ölige Phase, die aus Butter, pflanzlichen Ölen und ggf. aus Wachs besteht, um eine **halbfeste Paste** zu erhalten. Die Konsistenz ist fettiger und dicker als die einer Creme. Ein Balsam schmilzt durch Verreiben in der Handfläche. Balsam wird vor allem **zum Reparieren bestimmter empfindlicher Körperbereiche** verwendet, aber auch zur Massage oder als Peeling. Er sollte vorzugsweise abends aufgetragen werden, da sich die Haut nachts regeneriert.

Pflegeprodukte

▶ **Lippenbalsam:** pflegt und schützt die Lippen vor dem Austrocknen (siehe S. 44)

▶ **Peelingbutter:** entfernt Unreinheiten und abgestorbene Hautschüppchen; pflegt dabei gleichzeitig die Haut (siehe S. 72)

▶ **Gesichts- oder Körperbalsam:** Tiefenpflege für die Haut und zur Reparatur trockener Bereiche (siehe S. 50)

▶ **Haarbalsam vor dem Waschen:** Repariert Haarfasern trockener oder kraftloser Haare

Zusammensetzung

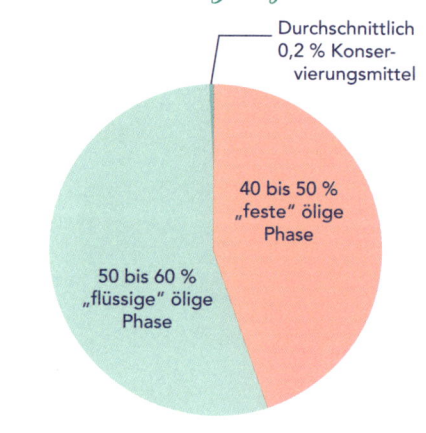

Durchschnittlich 0,2 % Konservierungsmittel

40 bis 50 % „feste" ölige Phase

50 bis 60 % „flüssige" ölige Phase

■ pflanzliche(s) Öl(e)
■ Pflanzenbutter
■ Vitamin E

Optionale Inhaltsstoffe:
ätherische Öle, Feuchtigkeitsspender (pflanzliches Glycerin, Aloe-Vera-Gel), Wachs (Bienenwachs, Candelilawachs) Duftstoff, natürlicher Peelingstoff

Individualisierbare Textur

40 % Butter

50 % Butter

schmelzend

halbfest

1. Geben Sie die Butter, das pflanzliche Öl bzw. die Öle, das Vitamin E und das Wachs (für Balsamsticks) zusammen in eine Schüssel.

2. Erhitzen Sie die Schüssel im Wasserbad, bis sich sämtliche Zutaten vollkommen verflüssigt haben.

3. Stellen Sie die Schüssel für gut 10 Minuten ins Gefrierfach. Sobald die Ränder anfangen sich einzutrüben, die Schüssel wieder aus dem Gefrierfach nehmen.

4. Verrühren Sie das Präparat mit einem kleinen Edelstahl-Schneebesen, bis es glatt und homogen ist.

5. Rühren Sie die eventuellen restlichen Zutaten einzeln unter, damit sich das Präparat gleichmäßig verbindet.
6. Füllen Sie das Präparat in ein geeignetes Behältnis.

Tipp

Fügen Sie bei Balsamen, die oxidationsempfindliche Öle enthalten, in Schritt 1 des Rezepts für eine bessere Haltbarkeit Vitamin E hinzu.

Fügen Sie zum Herstellen von Balsamsticks 10 bis 15 % Wachs (Bienen- oder Candelilawachs) in Schritt 1 hinzu.

4

  5 MINUTEN    3 MONATE

Eine Lotion herstellen

Was ist eine Lotion?

Eine Lotion ist ein **flüssiges Präparat,** das aus einer Phase, der wässrigen Phase, besteht. Sie wird auf die Haut, aber auch auf feuchtes Haar aufgetragen. Da eine Lotion hauptsächlich aus Wasser besteht, ist ihre Hauptaufgabe, **der Haut oder dem Haar Feuchtigkeit zu spenden.** Durch zusätzliche Wirkstoffe hat eine Lotion weitere Funktionen, etwa die Haut zu tonisieren, zu entgiften oder zu beruhigen. Sie **ergänzt die üblichen Pflegeprodukte,** um deren Wirksamkeit zu steigern, und wird direkt nach der Hautreinigung und vor dem Auftragen der Feuchtigkeitscreme verwendet.

Pflegeprodukte

▶ **Gesichtswasser:** zusätzliche Feuchtigkeitspflege

▶ **Reinigungslotion:** ideale Ergänzung zur Gesichtsreinigung (siehe S. 46)

▶ **Körperspray:** zum Aufsprühen, erfrischt und spendet Feuchtigkeit (siehe S. 54)

▶ **Haarpflegespray:** für leicht kämmbares Haar nach dem Waschen

Zusammensetzung

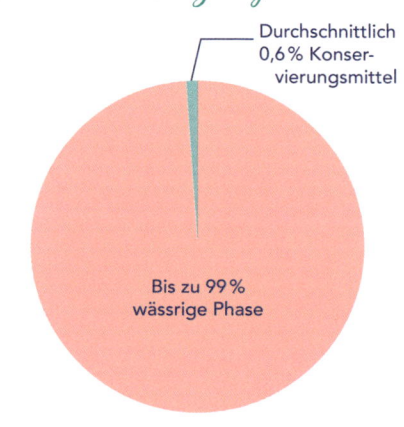

Durchschnittlich 0,6 % Konservierungsmittel

Bis zu 99 % wässrige Phase

■ Wasser, Hydrolat, Extrakt auf Hydroglycerinbasis
■ Cosgard

Optionale Inhaltsstoffe:
ätherische Öle (vorher mit Solubol oder reinem Alkohol vermischt), Wirkstoffe (Extrakt auf Hydroglycerinbasis, Glycerin, Hyaluronsäure), Tensid (reinigende Wirkung), pflanzliche Öle (Zwei-Phasen-Lotion), natürlicher Farbstoff

1. Geben Sie die Zutaten der wässrigen Phase (Wasser, Hydrolat, Extrakt auf Hydroglycerinbasis) in eine Schüssel.

2. Verrühren Sie das Präparat mit einem kleinen Edelstahl-Schneebesen.

3. Fügen Sie die restlichen Inhaltsstoffe (Konservierungsmittel und optionale Inhaltsstoffe) hinzu, und rühren Sie jede Zutat einzeln unter, damit sich das Präparat gleichmäßig verbindet.

4. Füllen Sie das Präparat mit einem kleinen Trichter in ein Behältnis.

Tipp
Damit sich das Konservierungsmittel gut in der Lotion auflöst, sollten die optionalen Zutaten nicht gleichzeitig in das Behältnis gegeben werden.

Ein Pflegeöl herstellen

Was ist ein Pflegeöl?

Ein Öl ist eine **fetthaltige Flüssigkeit,** die sich nicht mit Wasser vermischen lässt und ausschließlich aus einer öligen Phase besteht. Öl wird für den ganzen Körper, auch für Haare und Gesicht verwendet, um schnell **zu pflegen und das Hautbild zu verfeinern.** Bestimmte feinere und leichtere Öle werden als **sogenannte trockene Öle** verwendet, die schneller in die Haut einziehen. Öle haben viele Vorzüge, sind reich an nährenden Wirkstoffen und speichern das Wasser in der Haut, um **die Hautbarriere zu stärken.**

Pflegeprodukte

▸ **Gesichtsserum:** nährende Tiefenwirkung für die Haut

▸ **Körperöl:** nährt und verfeinert das Hautbild (siehe S. 52)

▸ **Massageöl:** für entspannende und erholsame Momente

▸ **Haarserum:** schützt und repariert die Haarfasern (siehe S. 60)

Zusammensetzung

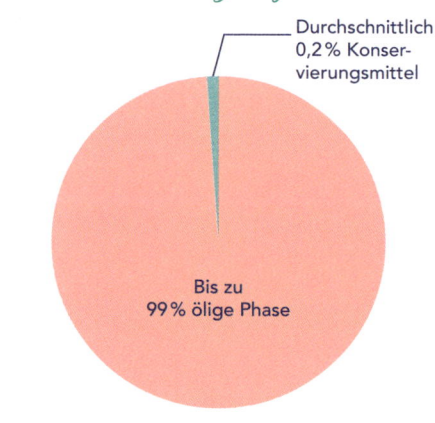

Durchschnittlich 0,2 % Konservierungsmittel

Bis zu 99 % ölige Phase

■ pflanzliche(s) Öl(e), Ölauszug
■ Vitamin E

Optionale Inhaltsstoffe:
ätherische Öle, natürliches Mica (schimmerndes Öl), Duftstoff, natürlicher Peelingstoff

1. Geben Sie die Zutaten der öligen Phase in eine Schüssel.

2. Verrühren Sie das Präparat mit einem kleinen Edelstahl-Schneebesen.

3. Fügen Sie die restlichen Inhaltsstoffe (Konservierungsmittel und optionale Inhaltsstoffe) hinzu, und rühren Sie jede Zutat einzeln unter, damit sich das Präparat gleichmäßig verbindet.

4. Füllen Sie das Präparat mit einem kleinen Trichter in ein Behältnis.

Tipp

Geben Sie ein paar Tropfen Vitamin E in die bereits angebrochenen Ölflaschen, damit das Öl nicht ranzig wird.

Jojoba-, Macadamia-, Haselnuss- und Sesamöl sind am besten für „trockene" Öle zu verwenden.

Rezepte

Mein persönliches Mizellengel

Reinigend, zum Abschminken, erfrischend, beruhigend

Dieses Gel mit zart schmelzender und erfrischender Textur verwandelt sich auf der Haut in einen feinen Schaum. Es reinigt das Gesicht perfekt und hinterlässt ein wohliges und sauberes Gefühl.

GRUNDTECHNIK 2: S. 28

MATERIAL: 1 Präzisionswaage, 1 Schüssel, 1 kleiner Edelstahl-Schneebesen, 1 Dosierlöffel (0,5 ml; optional), 1 Spritze oder 1 kleiner Trichter (optional), 1 Airless Dispenser (50 ml)

INHALTSSTOFFE FÜR 50 g:

44,7 g Hydrolat nach Wahl

2,5 g Extrakt auf Hydroglycerinbasis nach Wahl

1,5 g pflanzlicher Schaum (Decylglucosid)

1 g Xanthan transparent (3 Dosierlöffel à 0,5 ml)

0,3 g Cosgard (10 Tropfen)

1. Geben Sie das Hydrolat und das Extrakt auf Hydroglycerinbasis in die Schüssel.
2. Streuen Sie das Xanthan unter kräftigem Rühren mit dem Schneebesen auf das Präparat, damit sich das Pulver auflöst und keine Klümpchen entstehen.
3. 5 Minuten lang rühren, bis ein glattes Gel entsteht.
4. Fügen Sie die restlichen Inhaltsstoffe hinzu, und rühren Sie jede Zutat einzeln unter, damit sich das Präparat gleichmäßig verbindet. Es ist normal, dass das Präparat bei der Zugabe des pflanzlichen Schaums schäumt.
5. Füllen Sie das Präparat ggf. mit einer Spritze oder einem kleinen Trichter in den Airless Dispenser.

ANWENDUNG:
▸ Das Gesicht mit Wasser befeuchten.
▸ Eine haselnussgroße Menge Gel auf die Fingerspitzen geben und mit leicht kreisenden Bewegungen auftragen. Dabei die Augenpartie aussparen.
▸ Mit klarem Wasser abspülen.

Bevor Sie loslegen

Es ist unabdingbar, den eigenen Hauttyp zu kennen, um die Haut mit einer angemessenen Pflege zu reinigen: Analysieren Sie Ihre Haut (siehe S. 14), und wählen Sie die geeigneten Inhaltsstoffe (siehe S. 18) für Ihr ganz persönliches Mizellengel aus.

Meine persönliche Feuchtigkeitscreme

Feuchtigkeitsspendend, schützend, regenerierend, zartmachend

Damit die Haut geschmeidig und strahlend bleibt, muss sie vor allem gut mit Feuchtigkeit versorgt werden. Jede Haut ist einzigartig, deshalb ist und bleibt die beste Waffe gegen Hautalterung, passende Pflegeprodukte herzustellen.

GRUNDTECHNIK 1: S. 26

MATERIAL: 1 Präzisionswaage, 2 Schüsseln, 1 Wasserbad, 1 Behälter mit kaltem Wasser, 1 kleiner Edelstahl-Schneebesen, 1 Dosierlöffel (0,5 ml; optional), 1 Tiegel (50 ml)

INHALTSSTOFFE FÜR 50 g:

Option 1 – Feuchtigkeitsfluid für Mischhaut und trockene Haut

36,7 g Hydrolat nach Wahl
2,5 g Extrakt auf Hydroglycerinbasis nach Wahl
7,5 g pflanzliches Öl nach Wahl
3 g emulgierendes Wachs (10 Dosierlöffel à 0,5 ml)
0,3 g Cosgard (10 Tropfen)

Option 2 – Feuchtigkeitscreme für normale bis trockene Haut

33,7 g Hydrolat nach Wahl
2,5 g Extrakt auf Hydroglycerinbasis nach Wahl
10 g pflanzliches Öl nach Wahl
3,5 g emulgierendes Wachs (12 Dosierlöffel à 0,5 ml)
0,3 g Cosgard (10 Tropfen)

Option 3 – Nachtcreme für alle Hauttypen

30,7 g Hydrolat nach Wahl
2,5 g Extrakt auf Hydroglycerinbasis nach Wahl
12,5 g pflanzliches Öl nach Wahl
4 g emulgierendes Wachs (13 Dosierlöffel à 0,5 ml)
0,3 g Cosgard (10 Tropfen)

Rezeptvarianten:

In Schritt 6:

• Geben Sie im Winter, zur Beruhigung der Haut und um kältebedingte Spannungsgefühle zu vermeiden, 10 Tropfen ätherisches Lavendelöl fein hinzu.

• Geben Sie im Sommer 1 g Aloe-Vera-Gel hinzu, damit die Creme erfrischender und die Feuchtigkeitsversorgung der Haut gesteigert wird.

1. Geben Sie das Hydrolat und das Extrakt auf Hydroglycerinbasis in die Schüssel (wässrige Phase).
2. Geben Sie das pflanzliche Öl und das emulgierende Wachs in die andere Schüssel (ölige Phase).
3. Erhitzen Sie die beiden Schüsseln so lange im Wasserbad, bis das emulgierende Wachs komplett geschmolzen ist.
4. Nehmen Sie die Schüsseln vom Herd, und geben Sie die wässrige Phase unter kräftigem Rühren mit dem kleinen Edelstahl-Schneebesen in die ölige Phase, bis die Creme weiß wird und sich verbindet (ca. 3 Minuten umrühren).
5. Stellen Sie die Schüssel unter ständigem Rühren in den Behälter mit kaltem Wasser, bis die Masse sich verdickt und zu einer glatten Creme wird (nochmals ca. 3 Minuten umrühren).
6. Geben Sie das Cosgard hinzu, dann rühren Sie, damit sich das Präparat gleichmäßig verbindet.
7. Füllen Sie das Präparat in einen Tiegel.

ANWENDUNG:

▶ Auf die zuvor gereinigte Haut morgens und abends eine haselnussgroße Menge mit den Fingerspitzen auftragen.
▶ Dann leichte, kreisende Bewegungen ausführen, bis die Creme vollständig eingezogen ist.

Bevor Sie loslegen
Analysieren Sie Ihre Haut (siehe S. 14), um die geeigneten Inhaltsstoffe für Ihre persönliche Feuchtigkeitscreme auszuwählen (siehe S. 18).

Detox-Maske mit Gurke und grünem Tee

Entgiftend, reinigend, porenverfeinernd, erfrischend

Diese Maske ist äußerst erfrischend und reinigt die Haut dank der entgiftenden Eigenschaften von grünem Tee und Gurke. Sie lässt Ihre Haut atmen und ist ein wahrer Feuchtigkeitsbooster – ein Quell strahlender Schönheit.

GRUNDTECHNIK 2: S. 28

MATERIAL: 1 Präzisionswaage, 1 Schüssel, 1 kleiner Edelstahl-Schneebesen, 1 Dosierlöffel (0,5 ml; optional), 1 Tiegel (50 ml)

INHALTSSTOFFE FÜR 50 g:

27,2 g Wasser
19 g Grüner-Tee-Hydrolat
2,5 g Gurkenextrakt auf Hydroglycerinbasis
1 g Xanthan transparent
(3 Dosierlöffel à 0,5 ml)
0,3 g Cosgard (10 Tropfen)

Rezeptvarianten:

• Ersetzen Sie bei empfindlicher Haut das Gurkenextrakt, welches zu Hautreizungen führen kann, durch Honigextrakt auf Hydroglycerinbasis.
• Geben Sie bei zu Unreinheiten neigender Haut in Schritt 4 des Rezepts 5 Tropfen Teebaumöl hinzu.

1. Geben Sie das Wasser, das Hydrolat und das Extrakt auf Hydroglycerinbasis in die Schüssel.
2. Streuen Sie dann das Xanthan unter kräftigem Rühren mit dem kleinen Edelstahl-Schneebesen auf das Präparat, damit sich das Pulver auflöst und keine Klümpchen entstehen.
3. 5 Minuten lang rühren, bis ein glattes Gel entsteht.
4. Geben Sie das Cosgard hinzu, und rühren Sie dann noch einmal, damit sich das Präparat gleichmäßig verbindet.
5. Füllen Sie das Präparat in einen Tiegel.

ANWENDUNG:

▶ Die Maske großzügig auf das Gesicht und den Hals auftragen. Dabei die Augenpartie aussparen.
▶ 10 Minuten einwirken lassen.
▶ Mit klarem Wasser abspülen.

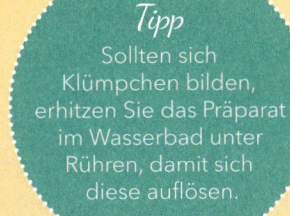

Tipp

Sollten sich
Klümpchen bilden,
erhitzen Sie das Präparat
im Wasserbad unter
Rühren, damit sich
diese auflösen.

GESICHT ⏳ 15 MINUTEN 🥫 6 MONATE 👪 FÜR DIE GANZE FAMILIE

Reichhaltiger Lippenpflegestift

Nährstoffreich, reparierend, schützend, glänzend

Dieser reichhaltige Stick mit Sheabutter und Kokosöl pflegt Ihre Lippen intensiv und schützt sie vor dem Austrocknen. Seine zart schmelzende Textur hinterlässt einen durchsichtigen Film, der den natürlichen Glanz der Lippen sanft unterstreicht.

GRUNDTECHNIK 3: S. 30

MATERIAL: 1 Präzisionswaage, 1 Schüssel, 1 Wasserbad, 1 kleiner Edelstahl-Schneebesen, 1 kleiner Trichter (optional), 1 Stick für Lippenpflegestifte (ca. 5 ml)

INHALTSSTOFFE FÜR 10 g:

6,5 g Sheabutter

2 g Kokosöl

1,5 g Bienenwachs

1 Tropfen Vitamin E (Tocopherol)

Rezeptvarianten:

• Ersetzen Sie die Sheabutter und das Kokosöl für einen Kinderpflegestift mit Schokoladengeschmack durch 4,7 g Kakaobutter und 3,9 g Macadamiaöl.

• Geben Sie für eine cremigere Textur in Schritt 1 nur 1 g Bienenwachs hinzu. Füllen Sie das Präparat in einen Tiegel à 10 ml, und lassen Sie es bei Raumtemperatur 2 Stunden lang erkalten.

1. Geben Sie alle Zutaten in die Schüssel.
2. Erhitzen Sie die Schüssel im Wasserbad, bis das Wachs geschmolzen ist.
3. Wenn sich das Präparat vollkommen verflüssigt hat, die Schüssel aus dem Wasserbad nehmen.
4. Füllen Sie das Präparat sofort in den Stick, ggf. mit einem kleinen Trichter.
5. Legen Sie den Stick 2 Stunden lang zum Festwerden in den Kühlschrank.

ANWENDUNG:

▸ Drehen Sie den Stick leicht nach oben, bis das obere Ende des Balsams zu sehen ist. Dann tragen Sie ihn auf die Lippen auf.
▸ Wiederholen Sie die Anwendung so oft wie nötig.

Tipp

Stellen Sie zum vollständigen Befüllen des Sticks sicher, dass der Kolben ganz nach unten geschraubt ist.

Gesichtswasser mit Rosenblüten

Reinigend, klärend, porenverfeinernd, für einen strahlenden Teint

Dieses Gesichtswasser aus 96 % Rosenblütenwasser beseitigt letzte Unreinheiten und ergänzt die Gesichtsreinigung, ohne die Haut auszutrocknen. Da es keine Seife enthält, ist es für alle Hauttypen und sogar für besonders sensible Haut geeignet.

GRUNDTECHNIK 4: S. 32

MATERIAL: 1 Präzisionswaage, 1 Schüssel, 1 kleiner Edelstahl-Schneebesen, 1 kleiner Trichter, 1 Flasche mit Klappverschluss (100 ml)

INHALTSSTOFFE FÜR 100 g:
96,4 g Rosenhydrolat
3 g pflanzlicher Schaum (Decylglucosid)
0,6 g Cosgard (20 Tropfen)

1. Geben Sie alle Zutaten in die Schüssel.
2. Verrühren Sie das Präparat mit dem kleinen Edelstahl-Schneebesen.
3. Füllen Sie das Präparat mit dem kleinen Trichter in die Flasche.

ANWENDUNG:
▸ Geben Sie ein paar Tropfen Gesichtswasser auf ein Wattepad.
▸ Verteilen Sie es dann mit kreisenden Bewegungen auf Gesicht und Hals.
▸ Das Gesichtswasser muss nicht abgespült werden.

Rezeptvarianten:
• Geranienhydrolat eignet sich bei Hautunreinheiten.
• Ein Hydrolat aus Schwarzer Johannisbeere tonisiert reifere Haut.
• Orangenblütenhydrolat bringt den Teint wieder zum Strahlen.
• Lindenblütenhydrolat beruhigt gereizte Haut.
• Verbenenhydrolat verschließt die Poren.

Wohltuende Feuchtigkeitsmilch

Feuchtigkeitsspendend, reizlindernd, zartmachend, regenerierend

Lassen Sie sich vom zarten Rosenduft dieser feuchtigkeitsspendenden Körpermilch verführen. Dank Jojobaöl und Rosenhydrolat bleibt die Haut wunderbar geschmeidig und wird ausreichend mit Feuchtigkeit versorgt.

GRUNDTECHNIK 1: S. 26

MATERIAL: 1 Präzisionswaage, 2 Schüsseln, 1 Wasserbad, 1 Behälter mit kaltem Wasser, 1 kleiner Edelstahl-Schneebesen, 1 Dosierlöffel (0,5 ml; optional), 1 Spritze (optional), 1 weiche Tube (100 ml)

INHALTSSTOFFE FÜR 100 g:

40 g Wasser

36 g Rosenhydrolat

18 g Jojobaöl

5 g emulgierendes Wachs (16 Dosierlöffel à 0,5 ml)

0,6 g Cosgard (20 Tropfen)

0,3 g Xanthan transparent (1 Dosierlöffel à 0,5 ml)

Rezeptvarianten:

• Geben Sie für eine schimmernde Bodylotion 5 g Mica Gold in Schritt 6 hinzu.

• Ersetzen Sie für eine After-Sun-Lotion das Rosenhydrolat und Jojobaöl durch Lavendelhydrolat und Calendulamazerat.

1. Geben Sie das Wasser, das Hydrolat und das Xanthan in eine Schüssel (wässrige Phase).

2. Geben Sie das Öl und das Wachs in die andere Schüssel (ölige Phase).

3. Erhitzen Sie beide Schüsseln im Wasserbad. Rühren Sie die wässrige Phase.

4. Wenn das Wachs komplett geschmolzen ist, nehmen Sie die Schüsseln vom Herd. Rühren Sie die wässrige Phase 3 Minuten lang kräftig mit dem Schneebesen in die ölige Phase.

5. Stellen Sie die Schüssel unter ständigem Rühren in den Behälter mit kaltem Wasser, bis die Masse sich verdickt und zu einer glatten Creme wird.

6. Geben Sie das Cosgard hinzu, und rühren Sie, damit sich das Präparat gleichmäßig verbindet.

7. Füllen Sie das Präparat in die Tube.

ANWENDUNG:

▸ Nach dem Duschen eine haselnussgroße Menge in die Handfläche geben.

▸ Auf den gesamten Körper auftragen, bis die Milch vollständig eingezogen ist.

Nährender Cremebalsam

Nährend, reparierend, reizlindernd, zartmachend

Dieser kräftigende Körperbalsam macht Schluss mit knitteriger Krokodilhaut, die bei Kälte und Trockenheit anfängt zu spannen!
Die Verbindung aus Sheabutter und Süßmandelöl schützt, nährt und repariert die Haut bis in die Tiefe.

GRUNDTECHNIK 3: S. 30

MATERIAL: 1 Präzisionswaage, 1 Schüssel, 1 Wasserbad, 1 kleiner Edelstahl-Schneebesen, 1 Tiegel (100 ml)

INHALTSSTOFFE FÜR 100 g:
52 g Süßmandelöl
48 g Sheabutter

Rezeptvarianten:
• Geben Sie für einen straffenden Balsam 50 Tropfen ätherisches Orangenöl in Schritt 4 hinzu.
• Geben Sie für einen reparierenden Hand- und Fußbalsam 40 Tropfen ätherisches Lavendelöl fein in Schritt 4 hinzu.
• Um eine luftig-leichte Sheasahne zu erhalten, verrühren Sie das Präparat mit einem elektrischen Handmixer, bis die gewünschte Textur erreicht ist.

1. Geben Sie die Zutaten in die Schüssel.
2. Erhitzen Sie die Schüssel im Wasserbad, bis die Sheabutter komplett geschmolzen ist.
3. Stellen Sie die Schüssel für gut 10 Minuten ins Gefrierfach.
4. Sobald die Ränder des Präparats anfangen weiß zu werden, die Schüssel aus dem Gefrierfach nehmen und zu einer glatten und gleichmäßigen Paste verrühren.
5. Füllen Sie das Präparat in einen Tiegel.

ANWENDUNG:
▸ Verreiben Sie eine haselnussgroße Menge Balsam in der Handfläche.
▸ Mit leicht kreisenden Bewegungen auf dem Körper verteilen, bis er vollständig eingezogen ist.

Tipp

Frisch gebackene
Eltern können diesen
Balsam als Massagebutter
für ihre Babys verwenden.
Er ist leichter zu hand-
haben als eine
Ölflasche.

Trockenöl für den Körper

Nährend, reparierend, regenerierend, zartmachend

Die umhüllende und nicht fettende Textur dieses Trockenöls verfeinert das Hautbild und bietet eine lang anhaltende Pflege. Die Verbindung von pflanzlichen Ölen hinterlässt ein samtiges Gefühl auf der Haut.

GRUNDTECHNIK 5: S. 34

MATERIAL: 1 Präzisionswaage, 1 Schüssel, 1 kleiner Edelstahl-Schneebesen, 1 kleiner Trichter, 1 Flasche mit Klappverschluss (100 ml)

INHALTSSTOFFE FÜR 100 g:

50 g Sesamöl, desodoriert
24,9 g Jojobaöl
24,9 g Pflaumenöl
0,2 g Vitamin E (6 Tropfen)

1. Geben Sie alle Zutaten in die Schüssel.
2. Verrühren Sie das Präparat mit dem kleinen Edelstahl-Schneebesen.
3. Füllen Sie das Präparat mit dem kleinen Trichter in die Flasche.

ANWENDUNG:

▸ Geben Sie nach einem warmen Duschbad eine kleine Menge Trockenöl in die Handfläche.
▸ Verteilen Sie das Öl auf dem Körper, bis es vollständig eingezogen ist.

Rezeptvarianten:

• Geben Sie für ein schimmerndes Trockenöl 6 g Mica Gold in Schritt 1 hinzu.

• Ersetzen Sie für ein beruhigendes After-Sun-Öl das Pflaumenöl durch Kokosöl, und geben Sie 40 Tropfen ätherisches Lavendelöl fein in Schritt 1 hinzu.

• Geben Sie für ein herrliches Massageöl 50 Tropfen natürliches Vanillearoma in Schritt 1 hinzu.

Tipp
Zur Regeneration
nach dem Sonnenbaden
auf die Haut auftragen
oder für mehr Glanz
ins Haar
einmassieren.

Erfrischendes Aroma-Körperspray

Erfrischend, duftend, tonisierend, anregend

Dieses anregende Spray aus 100 Prozent natürlichen Zutaten verleiht sowohl dem Körper als auch den Haaren einen zarten Duft. Seine frischen und säuerlich-spritzigen Noten werden durch die Vanille abgemildert.

GRUNDTECHNIK 4: S. 32

MATERIAL: 1 Präzisionswaage, 1 Schüssel, 1 kleiner Edelstahl-Schneebesen, 1 kleiner Trichter, 1 Sprühflasche (100 ml)

INHALTSSTOFFE FÜR 100 g:

37 g reiner Alkohol
25 g Pfefferminzhydrolat
25 g Verbenenhydrolat
6 g ätherisches Süßorangenöl
5 g natürliches Vanillearoma
2 g ätherisches Zitronenöl

Rezeptvariante:
• Ersetzen Sie für ein „Schlafwohl"-Kopfkissenspray die Hydrolate durch 50 g Orangenblütenhydrolat, die ätherischen Öle und das Aroma durch 5 g ätherisches Süßorangenöl und 1 g ätherisches Lavendelöl fein. Versprühen Sie das Spray 15 Minuten vor dem Schlafengehen im Schlafzimmer.

1. Geben Sie den reinen Alkohol, die ätherischen Öle und das Vanillearoma in die Schüssel, und verrühren Sie alles mit dem kleinen Edelstahl-Schneebesen.
2. Fügen Sie die Hydrolate hinzu, und rühren Sie weiter.
3. Füllen Sie das Präparat mit dem kleinen Trichter in die Sprühflasche.

ANWENDUNG:

▸ Vor der Anwendung gut schütteln.
▸ Das Spray nach Belieben auf Körper und Haare sprühen.
▸ Die Anwendung bei Bedarf wiederholen.

EMPFEHLUNG:

▸ Nicht ins Gesicht sprühen.

Hinweis

Ätherische Zitrusöle sind
photosensibilisierend.
Darum sollten Sie 12 Stunden
nach der Anwendung des
Sprays Sonneneinstrah-
lung meiden.

2-in-1-Conditioner-Maske

Für bessere Kämmbarkeit, schützend, nährend, kräftigend

Diese Pflege kombiniert die Vorzüge einer Haare entwirrenden Spülung und einer nährenden Haarmaske. Die an Avocadoöl reiche Conditioner-Maske verbessert die Kämmbarkeit und schützt zugleich die Haarfaser.

GRUNDTECHNIK 1: S. 26

MATERIAL: 1 Präzisionswaage, 2 Schüsseln, 1 Wasserbad, 1 Behälter mit kaltem Wasser, 1 kleiner Edelstahl-Schneebesen, 1 Tiegel (50 ml)

INHALTSSTOFFE FÜR 50 g:

31,7 g Wasser
15 g Avocadoöl
3 g Konditioniermittel BTMS
0,3 g Cosgard (10 Tropfen)

Rezeptvarianten:

• Ersetzen Sie zur Förderung des Haarwachstums die 15 g Avocadoöl durch 10 g Avocadoöl und 5 g Rizinusöl, und geben Sie 20 Tropfen ätherisches Ylang-Ylang-Öl in Schritt 6 hinzu.

• Um Ihr Haar zu glätten, ersetzen Sie das Avocado- durch Brokkoliöl, mit dem sich auch Locken und Wellen gut bändigen lassen.

1. Geben Sie das Wasser in eine Schüssel (wässrige Phase).

2. Geben Sie das Öl und das BTMS in die andere Schüssel (ölige Phase).

3. Erhitzen Sie die beiden Schüsseln im Wasserbad, bis das BTMS komplett geschmolzen ist.

4. Nehmen Sie die Schüsseln vom Herd, und geben Sie die wässrige Phase unter kräftigem, 3 Minuten langem Rühren mit dem Edelstahl-Schneebesen in die ölige Phase.

5. Stellen Sie die Schüssel unter ständigem Rühren in den Behälter mit kaltem Wasser, bis die Masse sich verdickt und zu einer glatten Creme wird.

6. Geben Sie das Cosgard hinzu, und rühren Sie die Masse.

7. Füllen Sie das Präparat in einen Tiegel.

ANWENDUNG:

▸ Verteilen Sie nach der Haarwäsche eine haselnussgroße Menge im Haar.

▸ 10 Minuten einwirken lassen.

▸ Mit klarem Wasser ausspülen.

Leave-in-Creme für bessere Kämmbarkeit

Für bessere Kämmbarkeit und Glanz, schützend, kräftigend

Diese ölhaltige Haarcreme erleichtert das Durchkämmen und muss nicht ausgewaschen werden. Das Kokosöl in Verbindung mit Hibiskusextrakten repariert und kräftigt die Haarfaser, damit Ihr Haar geschmeidig bleibt.

GRUNDTECHNIK 1: S. 26

MATERIAL: 1 Präzisionswaage, 2 Schüsseln, 1 Wasserbad, 1 Behälter mit kaltem Wasser, 1 kleiner Edelstahl-Schneebesen, 1 Spritze (optional), 1 Flasche (50 ml)

INHALTSSTOFFE FÜR 50 g:

36,2 g Wasser

7,5 g Kokosöl

4 g Konditioniermittel BTMS

2 g Hibiskusextrakt auf Hydroglycerinbasis

0,3 g Cosgard (10 Tropfen)

Rezeptvarianten:
- Geben Sie zur Förderung des Haarwachstums 20 Tropfen ätherisches Ylang-Ylang-Öl in Schritt 6 hinzu.
- Um Ihr Haar zu glätten und unschöne Wellen zu bändigen, ersetzen Sie das Kokosöl und den Hibiskusextrakt durch Brokkoliöl und Wasser.

1. Geben Sie das Wasser und den Hibiskusextrakt in eine Schüssel (wässrige Phase).
2. Geben Sie das Öl und das BTMS in die andere Schüssel (ölige Phase).
3. Erhitzen Sie beide Schüsseln im Wasserbad, bis das BTMS komplett geschmolzen ist.
4. Nehmen Sie die Schüsseln vom Herd, und geben Sie die wässrige Phase unter kräftigem, 3 Minuten langem Rühren mit dem Schneebesen in die ölige Phase.
5. Stellen Sie die Schüssel unter ständigem Rühren in den Behälter mit kaltem Wasser, bis die Masse sich verdickt und zu einer glatten Creme wird.
6. Geben Sie das Cosgard hinzu, und rühren Sie die Masse.
7. Füllen Sie das Präparat ggf. mit einer Spritze in die Flasche.

ANWENDUNG:

▶ Verteilen Sie nach der Haarwäsche eine haselnussgroße Menge der Creme in den ausgewrungenen Haarspitzen.
▶ Entwirren Sie Ihre Haare mit einem Kamm.

Schützendes Haarserum

Nährend, reparierend, schützend, kräftigend

Die Kombination aus pflanzlichem Macadamia-, Kokos- und Rizinusöl versorgt die Haarfaser mit Nährstoffen und fördert das Haarwachstum. Das mit Ylang-Ylang-Öl verfeinerte Serum mit einem zarten blumigen Duft lässt Ihr Haar noch schöner werden.

GRUNDTECHNIK 5: S. 34

MATERIAL: 1 Präzisionswaage, 1 Schüssel, 1 kleiner Edelstahl-Schneebesen, 1 kleiner Trichter, 1 Pipettenflasche (15 ml)

INHALTSSTOFFE FÜR 15 g:

6,7 g Kokosöl

6,5 g Macadamiaöl

1,5 g Rizinusöl

0,3 g ätherisches Ylang-Ylang-Öl (10 Tropfen)

1. Damit sich das Kokosöl verflüssigt, halten Sie die Flasche unter heißes Wasser, oder stellen Sie sie im Winter auf einen warmen Heizkörper.
2. Geben Sie alle Zutaten in die Schüssel.
3. Verrühren Sie das Präparat mit dem kleinen Edelstahl-Schneebesen.
4. Füllen Sie das Präparat mit dem kleinen Trichter in die Pipettenflasche.

ANWENDUNG:
▸ Nach dem Duschen einige Tropfen des Serums in die Handfläche geben.
▸ Verreiben, damit sich das Öl erwärmt.
▸ Anschließend in den nassen, ausgewrungenen Haarspitzen verteilen.

Tipp

Dieses Serum kann auch vor der Haarwäsche als Öl-Haarkur verwendet werden, um trockenes und strapaziertes Haar zu reparieren. Stellen Sie in diesem Fall von dem Präparat eine 50-ml-Flasche her, wobei Sie die Zutaten des Rezepts einfach mal 3 nehmen. Tragen Sie die Haarkur einmal pro Woche auf das gesamte, zuvor angefeuchtete Haar auf, rollen Sie das Haar 20 Minuten lang in ein warmes Handtuch ein, und spülen Sie sie dann mit Ihrem gewohnten Shampoo aus.

 ...ENE  5 MINUTEN  6 MONATE  FÜR KINDER, SCHWANGERE UND STILLENDE MÜTTER UNGEEIGNET

Feste Zahncreme

Reinigend, erfrischend, schützend

Diese aus Kokosöl und Tonerde hergestellte Zahncreme reinigt die Zähne und erfrischt den Atem. Weiße Tonerde schützt empfindliches Zahnfleisch, während grüne Tonerde Mundbakterien entfernt.

MATERIAL: 1 Präzisionswaage, 1 Schüssel, 1 kleiner Edelstahl-Schneebesen, 1 Glastiegel (15 ml)

INHALTSSTOFFE FÜR 20 g:

10 g Kokosöl

7 g grüne Tonerde extrafein

3 g weiße Tonerde extrafein

0,1 g ätherisches Pfefferminzöl (3 Tropfen)

Rezeptvarianten:
- Ersetzen Sie für einen frisch-säuerlichen Geschmack das Pfefferminzöl durch ätherisches Zitronenöl.
- Geben Sie zum Aufhellen der Zähne 2 g Natriumbikarbonat in Schritt 1 hinzu. Aber Achtung: Da Natriumbikarbonat eine abschleifende Wirkung hat, sollte es nicht über einen längeren Zeitraum verwendet werden, um den Zahnschmelz nicht zu schädigen.

1. Damit sich das Kokosöl verflüssigt, halten Sie die Flasche unter heißes Wasser, oder stellen Sie sie im Winter auf einen warmen Heizkörper.
2. Geben Sie alle Zutaten in die Schüssel.
3. Verrühren Sie das Präparat mit dem kleinen Edelstahl-Schneebesen, bis Sie eine homogene Paste ohne Klümpchen erhalten.
4. Füllen Sie das Präparat in den Tiegel, und lassen Sie es mindestens 2 Stunden bei Raumtemperatur ruhen.

ANWENDUNG:
▸ Befeuchten Sie die Zahnbürste.
▸ Reiben Sie mit der Zahnbürste über die feste Zahncreme.
▸ Putzen Sie Ihre Zähne wie gewohnt (diese Zahncreme schäumt nicht).
▸ Spülen Sie den Mund aus.

Hinweis

Verwenden Sie für Präparate mit Tonerde keine Behältnisse aus Kunststoff oder oxidierbarem Metall, sondern besser aus Glas oder Edelstahl.

HYGIENE · 10 MINUTEN · 3 MONATE · FÜR KINDER, SCHWANGERE UND STILLENDE MÜTTER UNGEEIGNET

Frische-Deo-Roll-On

Schweißhemmend, reinigend, erfrischend, tonisierend

Dieses einfach anzuwendende Deodorant bildet einen feinen Gelfilm auf der Haut. Es reinigt, tonisiert und sorgt für ein unmittelbares Frischegefühl, wobei die Entstehung von geruchsbildenden Bakterien verhindert wird.

GRUNDTECHNIK 2: S. 28

MATERIAL: 1 Präzisionswaage, 1 Schüssel, 1 kleiner Edelstahl-Schneebesen, 1 Dosierlöffel (0,5 ml; optional), 1 Roll-On-Flasche (60 ml)

INHALTSSTOFFE FÜR 60 g:
56 g Eukalyptushydrolat
1,8 g pflanzliches Glycerin
0,7 g ätherisches Palmarosa-Öl (25 Tropfen)
0,6 g Xanthan transparent (2 Dosierlöffel à 0,5 ml)
0,5 g ätherisches Pfefferminzöl (15 Tropfen)
0,3 g Cosgard (10 Tropfen)

1. Geben Sie das Hydrolat in die Schüssel.
2. Streuen Sie dann das Xanthan unter kräftigem Rühren mit dem Schneebesen auf das Präparat, damit sich das Pulver auflöst und keine Klümpchen entstehen.
3. 5 Minuten lang rühren, bis ein glattes Gel entsteht.
4. Fügen Sie die restlichen Inhaltsstoffe hinzu, und rühren Sie jede Zutat einzeln unter, damit sich das Präparat gleichmäßig verbindet.
5. Füllen Sie das Präparat in die Roll-On-Flasche.

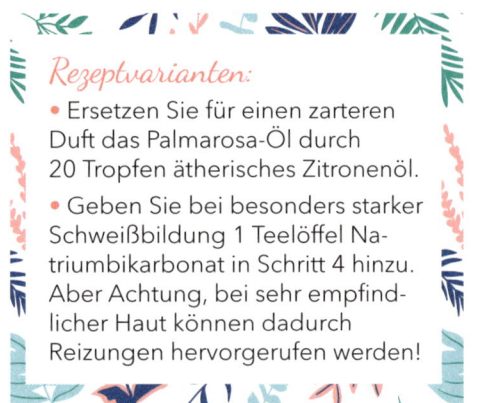

Rezeptvarianten:
• Ersetzen Sie für einen zarteren Duft das Palmarosa-Öl durch 20 Tropfen ätherisches Zitronenöl.
• Geben Sie bei besonders starker Schweißbildung 1 Teelöffel Natriumbikarbonat in Schritt 4 hinzu. Aber Achtung, bei sehr empfindlicher Haut können dadurch Reizungen hervorgerufen werden!

Hinweise

Ätherisches Zitronenöl eignet sich nicht für den Sommer, da es photosensibilisierend ist.
Ätherisches Pfefferminzöl eignet sich nicht für Epileptiker oder herzkranke Menschen.

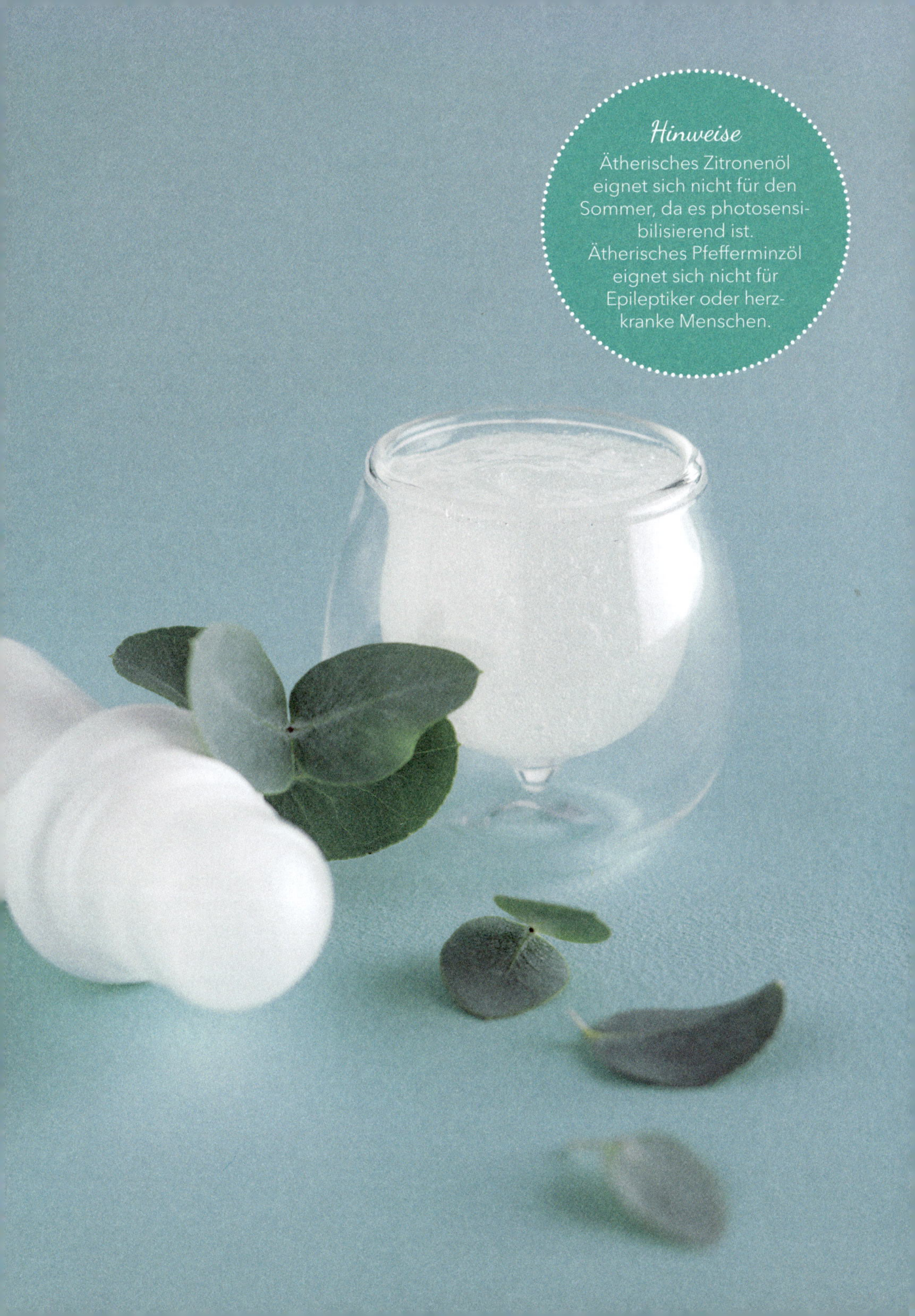

Vitaminreiches Zitrusduschgel

Reinigend, erfrischend, tonisierend, belebend

Tanken Sie mit diesem frisch-säuerlich duftenden und angenehm schäumenden Duschgel eine ordentliche Portion Vitamine für Ihre Haut. Die Verbindung von Verbene und Zitrone weckt Ihre Sinne bei einem ebenso erfrischenden wie belebenden Duscherlebnis.

MATERIAL: 1 Präzisionswaage, 1 Schüssel, 1 Wasserbad, 1 kleiner Edelstahl-Schneebesen, 1 pH-Streifen (optional) 1 Dosierlöffel (0,5 ml; optional), 1 weiche Tube (100 ml)

INHALTSSTOFFE FÜR 100 g:
28,6 g Basisstoff (Laurylglucosid)
15 g pflanzlicher Schaum (Decylglucosid)
54,6 g Verbenenhydrolat
1,5 g ätherisches Zitronenöl (60 Tropfen)
0,3 g Zitronensäure (1 Dosierlöffel à 0,5 ml)

1. Geben Sie den Basisstoff in eine Schüssel, und schmelzen Sie ihn im Wasserbad, bis er sich verflüssigt.
2. Sobald er geschmolzen ist, nehmen Sie die Schüssel aus dem Wasserbad und geben die anderen Inhaltsstoffe hinzu. Rühren Sie jede Zutat einzeln unter, damit sich das Präparat gleichmäßig verbindet.
3. Füllen Sie das Präparat in die Tube.

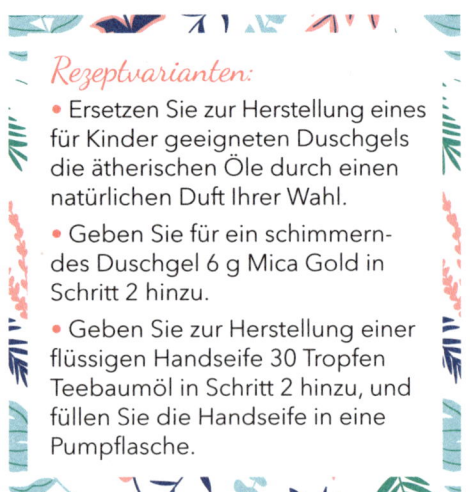

Rezeptvarianten:
• Ersetzen Sie zur Herstellung eines für Kinder geeigneten Duschgels die ätherischen Öle durch einen natürlichen Duft Ihrer Wahl.
• Geben Sie für ein schimmerndes Duschgel 6 g Mica Gold in Schritt 2 hinzu.
• Geben Sie zur Herstellung einer flüssigen Handseife 30 Tropfen Teebaumöl in Schritt 2 hinzu, und füllen Sie die Handseife in eine Pumpflasche.

Hinweis

Der pH-Wert eines Duschgels sollte zwischen 4,5 und 7 liegen. Verwenden Sie zum Überprüfen einen pH-Teststreifen.

Festes Proteinshampoo

Reinigend, schützend, pflegend, kräftigend

Dieses feste Haarshampoo verwandelt sich auf nassem Haar zu einem üppigen Schaum. Es ist mit Reisproteinen angereichert und verleiht Ihrem Haar neue Kraft, Glanz und Geschmeidigkeit.

MATERIAL: 1 Präzisionswaage, 1 Schüssel, 1 Wasserbad, 1 kleiner Edelstahl-Schneebesen, 1 Holzstößel oder 1 Holzlöffel, Schutzausrüstung (Brille, Maske und Handschuhe), 1 Silikonform

INHALTSSTOFFE FÜR 50 g:

22,5 g SCI

12,5 g Natriumcocosulfat

9 g Wasser

5 g Kokosöl

1 g flüssiges Reisprotein (30 Tropfen)

Rezeptvarianten:
- Für strapaziertes Haar 5 g Sheabutter in Schritt 2 hinzugeben.
- Zur Förderung des Haarwachstums geben Sie 3 g Rizinusöl in Schritt 2 und 30 Tropfen ätherisches Ylang-Ylang-Öl in Schritt 3 hinzu.

1. Schmelzen Sie im Wasserbad in einer Schüssel das SCI und das Natriumcocosulfat mit dem Wasser. Zerdrücken Sie beim Erhitzen die Paste mit dem Holzstößel an der Schüsselwand, damit eine glatte und homogene Masse entsteht.

2. Geben Sie das Kokosöl hinzu, während die Zubereitung weiter im Wasserbad steht, und rühren Sie sie dabei um, damit sich das Präparat gleichmäßig verbindet.

3. Nehmen Sie die Schüssel aus dem Wasserbad, und geben Sie das Reisprotein hinzu.

4. Geben Sie die Paste in die Silikonform, und drücken Sie sie gut fest, damit keine Luftblasen entstehen.

5. Stellen Sie das Präparat zum Abkühlen 15 Minuten ins Gefrierfach.

6. Vor der Anwendung das feste Shampoo bei Raumtemperatur noch 48 Stunden trocknen lassen.

ANWENDUNG:

▶ Das feste Shampoo unter der Dusche direkt in das feuchte Haar einreiben, damit es schäumt, danach ausspülen.

Hinweis

SCI und Natriumcocosulfat können in reinem Zustand und während des Erhitzens Reizungen verursachen. Deshalb bei der Verarbeitung eine Schutzausrüstung verwenden.

Cold Cream für Gesicht und Körper

Feuchtigkeitsspendend, nährend, zartmachend, regenerierend

Diese reichhaltige Pflegecreme auf Basis von Süßmandelöl und Sheabutter schützt die Haut vor Feuchtigkeitsverlust und äußeren Einflüssen. Sie ist die perfekte Pflege für den Winter sowie für trockene Haut.

GRUNDTECHNIK 1: S. 26

MATERIAL: 1 Präzisionswaage, 2 Schüsseln, 1 Wasserbad, 1 Behälter mit kaltem Wasser, 1 kleiner Edelstahl-Schneebesen, 1 Dosierlöffel (0,5 ml; optional), 1 Tiegel (100 ml)

INHALTSSTOFFE FÜR 100 g:

31,4 g Wasser
30 g Orangenblütenhydrolat
22,5 g Süßmandelöl
8 g emulgierendes Wachs
(26 Dosierlöffel à 0,5 ml)
5 g Sheabutter
2,5 g Bienenwachs
(8 Dosierlöffel à 0,5 ml)
0,6 g Cosgard (20 Tropfen)

Rezeptvariante:
• Geben Sie zur Beruhigung der Haut 10 Tropfen ätherisches Lavendelöl fein in Schritt 6 hinzu.

1. Geben Sie das Wasser und das Hydrolat in eine Schüssel (wässrige Phase).
2. Geben Sie das Öl, die Butter und die beiden Wachssorten in die andere Schüssel (ölige Phase).
3. Erhitzen Sie beide Schüsseln im Wasserbad, bis das Wachs komplett geschmolzen ist.
4. Nehmen Sie die Schüsseln vom Herd, und rühren Sie die wässrige Phase kräftig, 3 Minuten lang mit dem Schneebesen in die ölige Phase.
5. Stellen Sie die Schüssel unter ständigem Rühren in den Behälter mit kaltem Wasser, bis die Masse sich verdickt und zu einer glatten Creme wird.
6. Geben Sie das Cosgard hinzu, und rühren Sie die Masse.
7. Füllen Sie das Präparat in einen Tiegel.

ANWENDUNG:

▸ Geben Sie eine haselnussgroße Menge Cold Cream in die Handfläche.
▸ Massieren Sie mit leicht kreisenden Bewegungen die Creme ein.

Peelingbutter für Gesicht und Körper

Peelend, nährend, zartmachend, reizlindernd

Die Peelingbutter mit ihrer cremig-satten Textur ist ein echtes 2-in-1-Pflege-vergnügen: eine nährende Tiefenpflege mit sanfter Peelingwirkung zum Entfernen von abgestorbenen Hautschüppchen und Unreinheiten.

GRUNDTECHNIK 3: S. 30

MATERIAL: 1 Präzisionswaage, 1 Schüssel, 1 Wasserbad, 1 kleiner Edelstahl-Schneebesen, 1 Tiegel (100 ml)

INHALTSSTOFFE FÜR 100 g:

45 g Sheabutter

44,8 g Arganöl

10 g Pflaumenkernpulver

4 Tropfen Vitamin E (Tocopherol)

Rezeptvarianten:

• Ersetzen Sie das Pflaumenkernpulver für ein noch intensiveres Peeling durch Rohrzucker.

• Verwenden Sie bei empfindlicher Haut lieber Epsomit, das auf der Haut direkt schmilzt, ohne die obere Hautschicht anzugreifen.

• Ersetzen Sie für eine Peelingbutter mit schlankmachender Wirkung die Sheabutter durch Kakaobutter, und geben Sie 40 Tropfen ätherisches Süßorangenöl in Schritt 5 hinzu.

1. Geben Sie die Sheabutter, das Arganöl und das Vitamin E in die Schüssel.

2. Erhitzen Sie die Schüssel im Wasserbad, bis die Sheabutter komplett geschmolzen ist.

3. Stellen Sie die Schüssel für gut 10 Minuten ins Gefrierfach.

4. Sobald die Ränder des Präparats anfangen weiß zu werden, die Schüssel aus dem Gefrierfach nehmen und zu einer glatten und gleichmäßigen Paste verrühren.

5. Geben Sie das Pflaumenkernpulver hinzu, und verrühren Sie alles noch einmal, damit sich das Präparat gleichmäßig verbindet.

6. Füllen Sie das Präparat in einen Tiegel.

Anwendung

Mit leicht kreisenden
Bewegungen auf die feuchte
Haut auftragen und dabei raue
Stellen besonders bearbeiten.
Mit klarem Wasser ohne Seife
abspülen, damit der nährende
Pflegeeffekt erhalten
bleibt.

Ylang-Ylang-Massagekerze

Beruhigend, entspannend, nährend, lockernd

Eine Massage mit heißem Wachs sorgt für eine Duftreise und entspannende Momente zugleich. Nach dem Auftragen bildet das Öl zur Tiefenpflege einen angenehmen Film auf der Haut.

MATERIAL: 1 Präzisionswaage, 1 Schüssel, 1 Wasserbad, 1 kleiner Edelstahl-Schneebesen, 1 Kerzenglas (100 ml), 1 Kerzendocht

INHALTSSTOFFE FÜR 100 g:
83,8 g Sojawachs (GVO-frei)
13 g Kokosöl
3 g ätherisches Ylang-Ylang-Öl (105 Tropfen)
0,2 g Vitamin E (4 Tropfen)

Rezeptvarianten:
• Ersetzen Sie für eine noch entspannendere Wirkung das Ylang-Ylang-Öl durch 65 Tropfen ätherisches Süßorangenöl und 40 Tropfen ätherisches Lavendelöl fein.
• Lassen Sie bei Kindern das ätherische Öl weg, und ersetzen Sie das Kokosöl durch Kakaobutter.
• Um eine reine Duftkerze (nicht zum Massieren) herzustellen, ersetzen Sie das Sojawachs durch weißes Bienenwachs.

1. Schmelzen Sie das Sojawachs und das Kokosöl im Wasserbad in einer Schüssel.
2. Bereiten Sie das Kerzenglas so vor, dass der vorgewachste Docht senkrecht auf dem Fuß steht. Hierzu das Dochtende auf den Fuß stecken.
3. Wenn das Wachs komplett geschmolzen ist, die Schüssel aus dem Wasserbad nehmen, dann das ätherische Ylang-Ylang-Öl und das Vitamin E hinzugeben und umrühren.
4. Füllen Sie das Präparat sofort in das Kerzenglas, wobei der Docht ungefähr 5 mm herausstehen sollte.
5. Lassen Sie das Präparat einige Stunden im Kühlschrank abkühlen.

ANWENDUNG:
▸ Zünden Sie die Kerze mindestens 10 Minuten vor der Massage an.
▸ Warten Sie 10 bis 20 Sekunden, nachdem Sie die Kerze gelöscht haben.
▸ Geben Sie das geschmolzene Wachs direkt auf den Körper oder in die Hände.

Hinweis

Die Schmelztemperatur der Kerze beträgt lediglich 47 °C, um Verbrennungen durch das geschmolzene Wachs zu vermeiden. Es ist trotzdem immer empfehlenswert, die Temperatur vorher zu testen, damit keine Verbrennungsgefahr besteht.

Sprudelnde Badekugeln

Sprudelnd, lindernd, beruhigend, entspannend

Diese zu 100 Prozent aus natürlichen Inhaltsstoffen bestehenden Badekugeln versprechen sprudelnden Badespaß. Die mit hautpflegendem Süßmandelöl angereicherten Badekugeln schenken zudem entspannende Momente dank der beruhigenden Wirkung des Süßorangenöls.

MATERIAL: 1 Präzisionswaage, 1 Schüssel, 1 kleiner Edelstahl-Schneebesen, 1 Form (100 g) oder 4 kleine Formen (25 g)

INHALTSSTOFFE FÜR 100 g:

50 g Natriumbikarbonat
25 g Zitronensäure
18 g Maisstärke (Maizena)
5 g Süßmandelöl
2 g ätherisches Süßorangenöl (80 Tropfen)

Rezeptvarianten:
- Ersetzen Sie für tropische Entspannung das Süßmandelöl und das ätherische Süßorangenöl durch Kokosöl und ätherisches Ylang-Ylang-Öl.
- Geben Sie zum Färben der Badekugel 10 Tropfen natürlichen Farbstoff in Schritt 2 hinzu.

1. Geben Sie das Natriumbikarbonat, die Zitronensäure und die Maisstärke in die Schüssel, und verrühren Sie sie mit dem Edelstahl-Schneebesen.
2. Geben Sie das Süßmandelöl und das ätherische Süßorangenöl hinzu. Rühren Sie so lange um, bis sich die Klümpchen vollständig aufgelöst haben.
3. Geben Sie das Präparat in die Form, und drücken Sie es gut fest, damit keine Luftblasen entstehen.
4. Lassen Sie die Badekugel auf einer ebenen Fläche bei Raumtemperatur 48 Stunden lang trocknen, bevor Sie sie aus der Form nehmen.
5. Bewahren Sie die Badekugel in einer luftdichten Dose auf.

ANWENDUNG:

▶ Geben Sie eine Badekugel in handwarmes Badewasser.
▶ Eine Kugel reicht für ein Vollbad.

Hinweis

Da ätherische Zitrusöle photosensibilisierend sind, sollten Sie 12 Stunden nach der Anwendung direkte Sonneneinstrahlung meiden.

Formule Beauté

von Sara Duménil

Eine Geschichte aus dem wahren Leben

Mit „Formule beauté" („Schönheitsformel") möchte ich all denjenigen eine Lösung anbieten, die keine gesundheitsschädigenden Pflegeprodukte mehr verwenden möchten. Als erfahrene Naturheilpraktikerin für Naturkosmetik erstelle ich einfache und wirksame Rezepte mit wenigen Inhaltsstoffen, damit sich selbst gemachte Kosmetik auch mit unserer schnelllebigen Zeit vereinbaren lässt.

Die Auswahl der Inhaltsstoffe

Ich wähle für Sie die besten Inhaltsstoffe direkt bei Herstellern mit äußerst strengen Anforderungskriterien aus. Diese natürlichen Stoffe werden dann von einem französischen Labor unter dem Markennamen Formule beauté in recycelbaren und in Frankreich hergestellten Verpackungen verpackt. Das Siegel „Made in France" ist mir sehr wichtig.

Die erste Abobox für Kosmetik zum Selbermachen

Als ich 2015 das erste Mal schwanger war, habe ich einen Baukasten entwickelt, mit dem man in seinem ganz eigenen Tempo erlernen kann, wie man Kosmetik selbst herstellt. Die seit November 2016 erhältliche Formule-beauté-Abobox begleitet Sie Monat für Monat. Vergessen Sie nicht, dass eine gesunde Lebensweise wohltuend für Körper und Geist, aber auch förderlich für eine gesunde Haut ist.

• Für weitere Tipps und spannende Neuigkeiten folgen Sie mir auf Instagram @sara_naturopathe
• Sämtliche im Buch verwendeten kosmetischen Inhaltsstoffe sowie das benötigte Herstellungszubehör finden Sie auf meiner Website www.formulebeaute.com

Impressum

ISBN 978-3-8094-4305-6

1. Auflage
© 2020 by Bassermann Verlag, einem Unternehmen der Verlagsgruppe
Random House GmbH, Neumarkter Straße 28, 81673 München
© der französischen Originalausgabe 2019 by Éditions Rustica, Paris
Die Originalausgabe erschien auf Französisch unter dem Titel
Do it nature. Cosmétiques

Fotos: Julie Charles
Illumotive Innenteil: Shutterstock

Projektleitung dieser Ausgabe: Dr. Iris Hahner
Producing: SAW Communications, Redaktionsbüro Dr. Sabine A. Werner, Mainz
Übersetzung: SAW Communications, Gesa Mattiesch
Lektorat: SAW Communications, Julia Gilcher
Satz: SAW Communications in Zusammenarbeit mit alles mit Medien,
Anke Enders, Sprendlingen
Umschlaggestaltung: Atelier Versen, Bad Aibling
Herstellung: Elke Cramer

Verlagsgruppe Random House FSC® N001967

FSC
www.fsc.org

MIX
Papier aus verantwor-
tungsvollen Quellen
FSC® C010328

Druck und Bindung: Alföldi Nyomda Zrt., Debrecen

Printed in Hungary